ババア最高！
＋60歳からのHAPPYおしゃれ

地曳いく子
槇村さとる

集英社文庫

Contents

PART1

ファッションは愛！

PART 2

BBA おしゃれのさじ加減

BBAの必修科目❷ SATORUの試着力

IKUKOのおしゃれと生きざま詠います

PART 3

BBA 着痩せのアンサー

洗濯&お手入れ編

文庫版あとがきにかえて

BBAが最高になるために

ババア最高！

＋60歳からのHAPPYおしゃれ

特別✦対談

祝！ 還暦トーク

地曳《じびき》 早いもので、単行本『ババアはつらいよ アラカン・サバイバルBOOK』からもう五年がたつんですよね。その間に私も還暦を迎えて、シニア料金で映画を観《み》られるようになりました。おかげでビール一杯、余分に飲めます（笑）。なかにはシニアと見られるのがイヤで、通常料金でチケットを買う方もいるみたいなんだけど、インターネットで買えば、チケットをチェックされるのは入場するときぐらいだから……。

槇村《まきむら》 見られても平気だし、ビールのほうがいい！（笑）

地曳 そういうちょっといいこともあったんですけど、電車の乗り間違えとかが増えてちょっと悲しいなと。乗り間違えもそうだけれど、階段は怖いし、駆け下りたり駆け上がったりなんて無理だし、信号も走って渡れないし。

槇村　約束の時間どおりに着けないことがあるから、私も早く出るようにしてる。それでも遅れることがあって。遅れるお知らせとお詫《わ》びのショートメールを書きながら「還暦あるある」だなあと。

地曳　やっぱり～。でね、思ったんですよ。**還暦タイムって作ってもらえないかなあって（笑）。**ほら、地域によっては時間ぴったりに来ない風習ってあるじゃないですか。沖縄タイムみたいに。みんな認めていて気にしないというか。それと同じように「あ、あの人還暦タイムなのね」って。

槇村　**いいね。そう言われるようになれば、ラクだよね。甘えたい。**

地曳　**温かい目で見てもらいたい（笑）。**

槇村　そういえば、還暦前はちょっとつらそうだったけど……。

地曳　還暦前鬱で、大好きなサウナにも行けないし、ヨガもできなくて。私は若いときから働くのが好きで、しかも自分に向いている仕事だったから、「できる、私。もっとやれ！　もっとやれ！　もっと！　もっと！」とやってきたわけです（笑）。

槇村　ドーパミンいっぱい出まくる感じね（笑）。

地曳　そうそう。ところがあるときふと、「あれ？　働くって何だっけ？」って。それまでは心もカラダもどんなに酷使しても平気だったのに、突然「疲れちゃいました」みたいな。更年期障害が終わったと思ったらそんな還暦前鬱になり、そこから少し立ち直ったと思ったら今度は還暦タイム（笑）。老眼も加速しているし、フタは落とすし、つまずくし、で、不器用になってます。

槇村　**でも大丈夫。還暦で生まれ変わっているから。**

地曳　あ、そうか。でも生まれ変わるって……。もう一回思春期やるの⁉

槇村　**うん！**

地曳　**人生二毛作！**

槇村　**そうそう、還暦でリセット！**

地曳　**六十歳から第二ステージですね！**

コロナ禍でわかったこと

地曳　私の場合、六十歳になって一年もしないうちにコロナ禍が始まったんです。で、自粛期間中、友だちとＺｏｏｍ飲み会をしていたら、口々に「私すごく老けちゃったんだけど」「えー、私も！」となって。なんだか浦島太郎が玉手箱を開けちゃうって、こういう感じかなって。

槇村　自分の現実を見ちゃう時間が長かったんだよね。おばあさんだっていう現実。それまでは、鏡の前を通ったときに、「あらやだ、おばあさんだわ（笑）」とちょっと思っても、次の瞬間に気持ちを立て直せていたし、その日やることを気に留めていれば、それだけで顔もきちっとするしね。

地曳　そう、何かあると、きちっとするけど、ずっと家だと……。

槇村　いつまでもダラーッとして、顔もたるんでしまう。

地曳　私、「おしゃれは自分のためにするもの」ってずっと言ってきて、それは変わらないんだけど、テニスの自主練で壁打ちしていたら誰かと対戦したくなるのと同じで……。

槇村　対戦相手になる他人がいないと自分の輪郭（フェイスラインも自意識も）が曖

味になるし、何よりつまんない（笑）。
地曳　そうそう、つまんない！　他人の反応を見て自分のスキルを上げたい（笑）。
槇村　それもコロナ禍でわかったことだよね。
地曳　あと、おしゃれをするにしても、時間がないなかで、分刻みでどうしようかしらと考えるのが楽しいんだなって。
槇村　うん、何ごとも制約があってこそ、ゴールが決まって、気分も盛り上がるのよね。
地曳　不要不急なことについても、ちょっと考えさせられました。私のライブ通いも槇村先生の社交ダンスのレッスンも不要不急で、自粛中はお休みだったけれど、**不要不急を全部やめたらすごくつまらないですよね？**
槇村　本当に！　私は仕事も「マンガ」だし、もう私の存在自体が不要不急だけどね（笑）。まあそれは置いておいて、たとえば私は買いものが好きじゃない？　そういう**逃げ場としての依存先が人間には必要だと思っているの。たいていその依存先は不要不急でくだらないことなの。「くだらなくて重要」なことなの。**

地曳　そのくだらないことがどれだけ人生を生き生きさせて、私たちの生活に力をつけてくれるのかが、このコロナ禍で少しわかってきました。

ビューティフル・ブリリアント・エイジの Happyな日常

地曳　コロナでいろいろ学んだ私ですが、六十歳をすぎ第二ステージに入って、体はますますBBA《ババア》道まっしぐらという事実は変わらないんですよね。横尾忠則《よこおただのり》さんいわくの「ダメな自分と生きる」私であり続ける。でも、よくトークショーに来てくださっているみきーるさんという方が、BBAを、ものすごく素敵に解釈してくれたんです。

B=Beautiful（ビューティフル）
B=Brilliant（ブリリアント）

A＝Age（エイジ）

槙村　うれしくなるね。年を取っているからと思うより、ビューティフルでブリリアントだからと思ったほうがずっといい。どういうフレームで自分を規定するかで人生変わるし、特に還暦とかこのコロナ禍にどんなビジョンを描けるか⁉　がキモだわね。キラキラと美しい……。すごく良いわあ。ワクワクする。

地曳　でしょう？　みきーるさん、ありがとうございます。ただ、そのビューティフルでブリリアントな、普通に小綺麗《こぎれい》な感じにするのには、手間のかかるお年頃ですけどね（笑）。

槙村　ははは！　睡眠不足、水分不足、油分不足、必要な栄養の不足と、四大不足の私たちだから。

地曳　その不足は毎日のお手入れを続けて補うほかないですよね。ただ、効果はすごくあると思う。というか、あります。

槙村　ＢＢＡにこそ必要。美容も、トレーニングも、定期健診も。

地曳　手間もひまもかかるけど、きれいになる自分を見て気分が明るくなるならいいことですよね。幸せな気分になれるなら。

槙村　そうね。ちょっとしたことにこそ、気分が上がるお年頃になったよ。

地曳　村上春樹《むらかみはるき》先生の「小確幸」（『うずまき猫のみつけかた』より）ですよね。**小さくささやかだけれど確かな幸せ。**それを積み重ねていくことが大切かなと。ファッションもそうなんです。昔みたいにハイブランドは買えないけれど、作り手の愛が込められた、着てうれしくなるような、それでいてコスパもいい服で、おしゃれを楽しめればいいのかなと。

槙村　小さく濃く自分のおしゃれを作っていくところにじわじわとした喜びがあるんだわ。そして小さなHappyを味わう。

地曳　**それこそが、BBAのHappyスタイルですね。**

IKUKOのおしゃれと生きざま詠《うた》います

還暦を
すぎても着てやる
ロックT
命短し
着飾れBBA

「そんな格好をして年がいがない」とか、
「六十歳に着るべきものは？」とか、
そんなことに従わなきゃいけない時代は終わりました。
もうね、好きなものを着ちゃって、
HAPPYに過ごしましょうよ。
限りある人生、他人に迷惑をかけたりしない限り
BBAは自由に着飾りましょう！

PART1

ファッションは愛！

ユニクロ＋J、七十四歳の私のために買う十年服！

二〇二〇年秋冬からユニクロ＋J（プラスジェイ）がまた登場しています。

ユニクロ＋Jとは、デザイナーのジル・サンダーとユニクロのコラボラインで、「また」というのは二〇〇九年秋冬から5シーズン続いた後、一旦お休みをしていたため。つまり約十年ぶりの新作なんです。前回も争奪戦でうっかりしていると欲しいものが手に入らなかったのですが、今回も同じように大人気。なので私は、再開2シーズン目になる二〇二一年春夏コレクションでは、発売前にお気に入りのもの全部に♥をつけて、とりあえずオンライン発売と同時に制限数の五枚をゲットしました。

なぜこんなにユニクロ＋Jの服が好きかというと、いくつか理由があります。

一つ目の理由は、「十年服」だから。ユニクロ＋Jは、十年間着られる服なんです。

昔はよく雑誌で「一生もの」というアイテムが紹介されていましたが、この年になればわかりますよね。そう、実際生きてみて（笑）、三十年、四十年着られるものな

+J
白と
うす紫のシャツ
ピカッと光るスカート
↑
はねてて
かわいい
紺の
トップス
2人とも買った
ニット
ドライスウェット。
素材が今っぽ。

んてないことが。でも、十年もつものはあります。それがユニクロ+J。十年前のブルゾンもパーカもパンツも、ロングTシャツだって、いまだに着ています。ポケットが四つついたカシミアのカーディガンは、私だけでなく、友人もまだ着ていると言っていました。

ジル・サンダーがかつて自身のブランドでデザインしていた服は、シンプルななかにマスキュリンとフェミニンが適度にミックスされ、誰が着ても間違いがない感じでした。ユニクロ+Jも、特に十年前のものには通じるものがありました。生地も縫製も色出しも、価格以上に本当にしっかりしています。もちろん経年劣化で伸びたりしてしまったものもありますが、それでも部屋着としては十分活躍しています。

というわけで、再開後に買っているアイテムは、今の私だけでなく、十年後の私、「七十四歳の私」のための服でもあるんです!

二つ目の理由は、シンプルで定番的なのに、きちんとアップデートしているから。

十年前のものも普通に着られるけれど、より今どきに着るならやっぱり再開後に買ったものがいい。たとえばジャケット。肩の線は今流行《はや》りのビッグシルエットではなくて、少なくとも数年先まで着られる、アップデートされたジャストサイズです。それでいて、袖が太い！　袖がまさに今風です。半袖Tシャツやブルゾンなどほかのアイテムも同じで、今どきのビッグシルエットの服と合わせたり重ねたりしてもすっきりまとまるように、きちんと計算されています。

三つ目の理由は、ジル・サンダーお姉さまが御年《おんとし》七十九歳（二〇二三年七月現在）なので、私たちの気持ちがよくわかっているから。

二〇二一年春夏のシルクブレンドフレアスカートを例に挙げてみましょう。まず素材が優れています。シルクブレンドでシャカシャカしていて光沢があり、ハリが強くてテント（？）みたい。暑い夏でもぺったり張りつきません。

その優秀な素材で表現した立体的なシルエットもポイント。私たちの年になると、体に沿うナチュラルなシルエットは、ダメな部分を拾ってしまうので難しいし、全体的にラクな感じだとだらしなく見えてしまいます。だから立体的なシルエットがいいのですが、窮屈で疲れてしまわないように、ほどよいゆるみは必要ですよね。

ジル・サンダーお姉さまは、その点をよくおわかりなんです（笑）。しかもユニクロだから、サイズが豊富。私のようなふくよかな体型から小柄な方まで合うものが見つかります。まさにいいとこ取りのコラボです。

最後の理由は、ジル・サンダーの「ファッション愛」が詰まっているから。

ユニクロ＋Jが再開した二〇二〇年秋冬にパンツを買ったのですが、届いてすぐに試着してみたら、もう感動で震えがきました。ポケットに手を入れたとき、右側にチェンジポケットがあったんです。メンズパンツにつける懐中時計や小銭を入れるポケットで、ジル・サンダーの美意識がきちんと反映されているんですね。神社やお寺のお参りに行くときに、お賽銭《さいせん》を入れるのにも便利です。

昔はお金を出せば出すほどファッション愛を買えました。ハイブランドものにはデザイナーだけでなく職人など、いろいろな人の愛がこもっていますから。それが今や、ハイブランドだけでなく、ユニクロ＋Jでも味わえるんです。

こんなにユニクロ＋Jのことをほめると、まるで宣伝のようですが、もちろん一銭もいただいていません（笑）。

七十九歳の大先輩が作る、定番の軸を守りながらもフレッシュにアップデートした服のパワーは、いいものを着倒してきた私たち世代でも許せる質の高さとファッション愛でいっぱい！　だから私はユニクロ＋Ｊにはまっています。

ワンサイズの衝撃。コグ ザ ビッグスモーク

もう一つ、今、気になるブランドがあります。それは「コグ ザ ビッグスモーク（COGTHEBIGSMOKE）」。私たちとほぼ同世代のロンドン近郊在住の日本人デザイナーが手がけています。ユニクロとは全く反対の方向性で服を作っているブランドです。

このブランドの何がすごいかというと、すべてジャージ製、すべてフリーサイズのワンサイズ展開だということ。しかも、自宅で洗濯できます。

とにかく潔い。そして新しい。そこにファッション愛を感じます。

ジャージ製のよさは、肌ざわりがやさしく着心地もソフトなところ。私たちの年代はすぐに肌が乾燥してしまうので、パリパリした生地だとつらいときもありますよね。ジャージなら安心して着られます。しかも上質な素材を使っているので、快適そのも

COG THE BIG SMOKE
デザイナーのNorikoさん
自分の欠点
カヴァーする
服を
つくって
ます♡
オールインワンの弱点、
トイレ問題も
軽くクリアす
開くのだ
エイジレス
シーズンレス
ワンサイズ
展開…♡
SLOANE
新しい服
キター!!
自分の欲しい
サイズ感で
選べる
「スローン」の
ニット

の。ストレッチ性もあるから動きもラクで、ストレスフリーです。

では、この一見、非常識にも思えるワンサイズ展開にはどんな魅力があるのでしょう。

すべてフリーサイズというと、着られる人が限られるように思えますが、そんなことはありません。背が高めの人も低めの人も、ボリュームがある人も痩せ型の人も、不思議と似合ってしまう。その秘密は立体的でゆとりのあるシルエット。着る人によってシルエットが異なって見えますが、そこがいいところ。逆に個性が引き立つんです。ただし、手首足首部分だけは、細めに作られています。そのためきゃしゃにすら見えるのです。着てみてはじめて素晴らしさがわかる服ですね。

一人ひとり異なる着こなしができあがるわけですから、よくトークショーなどで出る「私が着ると、どうしてモデルの◯◯さんみたいに見えないのでしょうか?」問題は、最初から解決されているわけです。何しろ、同じに見えないところが一番の魅力なので。

さらに、フリーサイズだから、サイズ感を確かめるための試着も必要ありません。もちろん、色やシルエットを見るのに試着はしたほうがよいのですが、いつものサイズとそのワンサイズ上を着比べる手間は省けます。

気になるお値段は、安くはないけど高くもないというところです。ヘビロテできることを、というより、ヘビロテしたくなることを考えれば、コスパはとってもいいと思いますよ。

最近は、昔好きだったハイブランドものの服は高くなりすぎて手が出せなくなってしまいました。でも、こういう新しいブランドが出てきてくれて、私たち、ラッキーですよね。「新しい時代」「新しい服」を着る幸せ。刺激になるので「ファッションボケ防止」にもなります（笑）。

同じように、新しさがあってファッション愛のあるブランドとして、「スローン（SLOANE）」も気になります。

ニットを中心にしたラインナップ。すべて日本製。そしてジェンダーレス。同じ型のニットを豊富なサイズで作っていて、色展開も揃《そろ》っています。選ぶサイズと色で印象が全然違って自分の好みのフィット感が選べます。もともとトラッド好きの人にはグッとくるブランドです。

コグ ザ ビッグスモークもスローンも、着ていて気持ちのいい服。それは、作り手がそう考えて作っている、つまり、着る人に心地よく感じてほしいと思って作っているからです。これも作り手の「ファッション愛」のなせるワザ。着るほうもその愛を感じて、愛をもって着る。そういう相思相愛のファッションって、ちょっと素敵だなと思いませんか？　相思相愛だから、おしゃれに見えるんです。

今の時代、ファッションも多様性。大量に服を作るユニクロと個性的なポリシーで服を作るコグやスローン。どれも新しい考えで服を作っています。おもしろい時代に私たちは生きていますね。

愛があるからこそ、服に求めすぎない

恋愛でも、相手に多くを期待してしまうとうまくいきませんよね。実はファッション愛も同じです。服にいろいろと求めてはいけません。特に私たちBBA世代は、要求し出したらきりがないですから。

たとえば夏でも下に一枚スリップやキャミソール、ペチコートなどを着る。どんなにいい素材の服でも、日本の夏は湿気が多いので、どうしてもペタッと体にはりついてしまいがちです。気持ちが悪いし、服も傷むし、何より体のラインが見えてしまって、残念なことになってしまいますよね。

今は高機能下着もたくさん出ているので、体のラインは一旦下着で補整したりごまかしたりするのがおすすめです（笑）。

服に求めすぎないというのは、何かを選んで何かを捨てるということでもあります。

私も愛用している「ジェームス パース」は、一年間着倒すと、洗濯して干したときには気づかないのに、乾かすとすごく薄くなっていることがあります。でもこれって、最高級のTシャツだからこそ。極薄の上質素材ならではのニュアンスがあるけれど、残念ながらラグジュアリーな素材は耐久性に優れてはいない。雰囲気を大切にするなら耐久性を捨てなければいけないときもあるのです。

決して安くはないジェームス パースですが、それでも私が長く買い続ける理由、それはアメリカ西海岸のリッチな空気を感じていたいからです。Tシャツ一枚身につけただけで、以前過ごしたマリブのホテルの幸せな時間が蘇《よみがえ》るからなのです。

繊細なものは大切に扱わなければいけないですからね。

もちろん、雰囲気をあきらめて耐久性を優先する選択もあります。

とは言え、大人は体型カバーの面でも、おしゃれ感の面でも、ニュアンスのある服に助けられることが多いので、雰囲気を求めるほうが満足感は大きいかも。

似たような服ばっかり買っちゃう。
それ、大正解です！

友人などの間でよく聞くぼやきに「何だか似たような服ばっかりになっちゃって」というのがあります。心当たりありませんか？　実はこれって大正解です。

BBA世代は、おしゃれな人ほど似たような服ばかりになります！　ここで大切なのは、似たような服を「買う」ことです！　同じ服をいつまでも着るのではなく、長いおしゃれ歴のなかで見つけた、自分が素敵に見える、自分の定番服を、きちんとアップデートすることが重要なのです。

この春のこと。ちょっと肌寒い日に、今どきのトップス一枚では風邪を引きそうだったので、出がけに昔買ったプラダのシンプルなレザーコートをはおりました。当時にしては袖が太かったのですが、入りませんでした。今どきのトップスとは、袖の太さが全く合わないのです。結局新しく買ったユニクロ＋Jの軽いコートを重ねました。

シンプルな定番服でも、フォーエバーではないということです。進歩がないようで、同じような形でも丈が長くなったり、裾がイレギュラーになったりします。ですから、似たような服を買っても、それは「今」の服を買っているということ。逆に、「こういうの持っているから」と買い替えないのはアップデートを妨げていることになるのです！

というわけで、「似たような服」を「買って」いるそこのあなた、自分のスタイルを持っているし、知らないうちにアップデートできています！　安心して買ってくださいね。

うつろっても
私の定番は
小さい小さい黒トップス
ケイト スペード
MHW
クリステンセン ドゥ ノルド
PRADA
ジェームス パース
半袖や七分袖のニットが大好物。
ガリャルダ ガランテで
ブレスも
黒ブラウス
袖がBIG

「違和感センサー」を使って服をアップデートする

ユニクロ＋Jのようにファッション愛のある服は、今どきの気分を取り込んでアップデートされている――これは着る側も同じです。ファッション愛のある人、つまりおしゃれな人とは、時代にフィットしてアップデートできている人です。ファッション愛のある服を着れば、自然にアップデートできて、おしゃれになれるのです。では、服がアップデートされているかどうかを見極めるにはどうしたらよいのか。

答えは「違和感のある服を選ぶ」です。違和感があるということは、今まで体験していないからなので、違和感イコール「新しさ」ということ。着ているうちに慣れてきますから、安心して「違和感センサー」を使い、アップデートした服を手に入れてください。

たとえばデニム。最近のデニムは不思議な形が多くて、最初は違和感があります。

トレンドが変わるたびに
それ新しいの?かっこいいの?とあわてる
2021
2017
2014
1995
COOCOO
変化のたびに違和感を覚えますが……
ヘンなの
そのうち慣れて
次のヘンな波が来る
若いときは「先取り」してたのが今や「あと乗り」
そしてついに乗りそびれて
居直る!
これは私のスタイルです。

でもそれがすごくカッコいい。「ナゴンスタンス（någonstans）」の脚の外側に丸く張り出したデニムは、素敵なだけでなく、O脚を隠してくれる体型カバーアイテムでもあります。

Tシャツも同じです。二〇二一年からはTシャツがすごく大きくなっていますよね。ハンガーに掛かっていると、エッと驚くくらい違和感があります。でも、着てみるとそんなに大きな感じはしない。実は一番大きくなっているのは袖だからなのです。

もはや体にぴったりの服は、石器時代の服。体型がついていけない私たち世代にとっては、今流行っていなくて本当にラッキーです。自分の運の強さをほめてあげましょう。

人まねで大失敗しちゃうアイテムは？

人が着て素敵に見える服はその人にぴったり合っているからで、あなたに似合うとはかぎらないことは、過去に上梓《じょうし》した作品でも繰り返してきたのでもうおわかりですよね。

さてここで問題です。バッグや靴はどうでしょうか？

実はバッグや靴も同じです。特に高価なものは個性が強いので、自分の周波数と合わせるのは至難のワザです。若い頃は体力と気力で何とかなることもありますが、六十歳をすぎたら、シンクロできる可能性はグッと下がります。

私にも経験があります。ヴァレンティノ ガラヴァーニの、リバーシブルでスタッズがついたツーウェイストラップのトートバッグ。カッコいい友人が持っていてすごく素敵でした。白×黒で、私が持つべきものと購入したのですが……。十回は持ちましたが二十回は持っていない。かなり高価だったので、コスパがよいとは言えないですね。靴も同じ。まねして買って良かったのは、アディダスのスタンスミスとテバ（Ｔｅｖａ）くらい。

雑誌でもウェブマガジンでも、モデルやスタイリストが今シーズン買ったものとか、ヘビロテアイテムとかの記事を見かけますが、あくまで参考にする程度でいいと思います。

ＢＢA世代は人まねしてはダメなお年頃。周りにおしゃれな人がいても、まねして同じものを買うのではなく、花や美術品などきれいなものを見るのと同じように、その人のおしゃれを見て気持ちを上げるくらいにとどめておきましょう。

ちがうから
・・・・
だからちがうって
あなたは街で見かけたあの人ではないし
雑誌の中のモデルさんでもない
つまり
もし上から下まで同じかっこしたら似合わない確率は100%ってことなのよ
美しい人に出会ったら観賞(鑑賞)モードでながめる
あら！わたくしとはちがって良いわ〜♡
ぐらい(笑)

今の気分を取り入れるなら足もとから

コーディネートをアップデートするには、靴を新しくするのもおすすめです。もちろん人まねは避けて、自分らしいものを選ぶことが基本です。

数シーズン前のこと。レースアップのコンバットブーツやサイドゴアのブーツがいろいろなハイブランドから出ていて、とても気になったことがあります。ロック好きの私にとってはもともとお気に入りのタイプで、すでにいろいろ持ってはいたのですが、やっぱり昔のものとはちょっと違ってアップデートしているんです。

結局、そのときには、ハイブランド同様にアップデートしたサイドゴアのブーツを、ZARAでゲットしました。

私の場合、ハイブランドのものが予算オーバーなときにはZARAをのぞきます。ZARAは、そのシーズンや時代の気分を上手に反映しているので、〝当たり〟が見つかる確率が高いためです。ただし、ものによっては瞬殺でサイズ切れすることも多

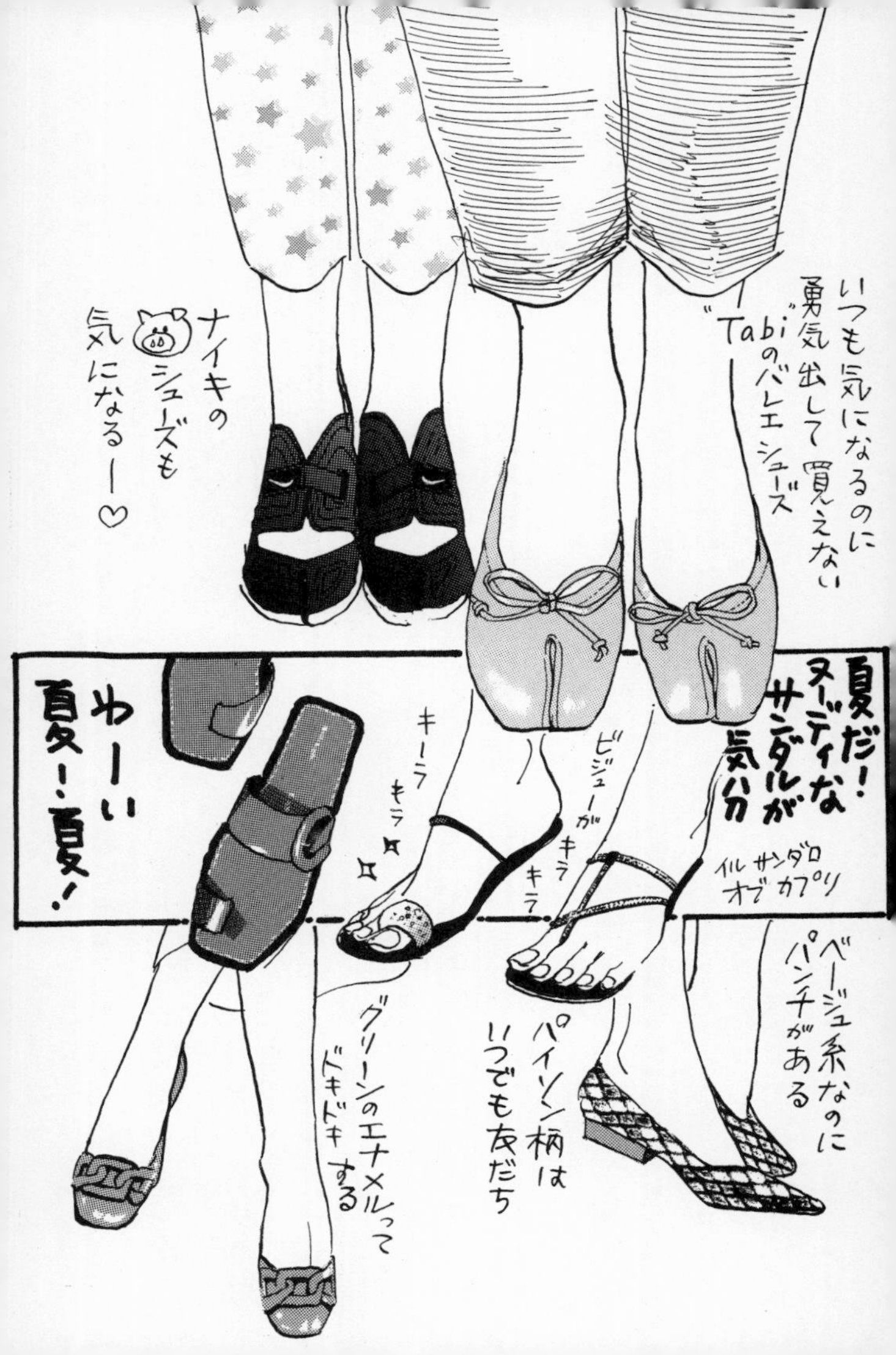
いつも気になるのに
勇気出して買えない
"Tabi"のバレエシューズ
ナイキの
シューズも
気になるー♡
夏だ！
ヌーディな
サンダルが
気分
やーい
夏！夏！
キーラ キラ
ビジューがキラキラ
イル サンダロ
オブ カプリ
ベージュ系なのに
パンチがある
パイソン柄は
いつでも友だち
グリーンのエナメルって
ドキドキする

いので、欲しいものがあったら早めに動くといいと思います。

靴も人によって好みや似合うものはそれぞれです。私はロックテイストのものを選びましたが、トラッド風のスリッポンやバレエシューズが好きな人もいますよね。そういう定番的なカテゴリーの靴でも、トゥの形やノーズの長さなどは流行に合わせて変わるので、ときどきアップデートしてみてください。

オンライン時代のアクセサリー術

ファッション愛を表現する方法として、アクセサリーを忘れてはいけませんよね。オンラインショッピングなら試着いらずで、ストレスを感じずに買えるので、それこそ憂さ晴らし（!?）にもなります。

コロナ禍には、マスクのヒモに引っかかりがちなピアスや、手洗いや手の消毒で気になる指輪をつけなくなるなど選ぶアイテムが変わってきたため、新しく買ったものが結構あります。

私がよくつける黒いマスクと相性がよくて気に入っているのが、ゴールドやシルバーの大ぶりのネックレス。これはザ・ランナウェイズの元メンバー、ジョーン・ジェットのまね。彼女のドキュメンタリー映画『ジョーン・ジェット／バッド・レピュテーション』（二〇一八年）で本人がよくつけていました。ちょっとエイティーズっぽいですが、もはやエイティーズのことは誰も知らないからいいかなと（笑）。

靴だけでなくアクセサリーも、ZARAが結構使えます。素材が軽くて肩が凝らないし、手頃な値段だし、万が一自分の顔や雰囲気、持っている服に合わなければ、返品できますしね。

ただし、通販でものを買うというのは、ちょっとした運試し的なところがあるので、最初からハズレもあるということをわかって買ったほうが、気がラクです。

いく子は
アクセサリーが
似合うタイプ
ZARAです
じゃん
私は
あんまり
似合わない
ので
ピアス
つける
ぐらい
コスチュームジュエリーは
気に入ったものじゃないと
買わない
高値なので
コスパ
それない
私の宝物
ドリス ヴァン ノッテンの
ネックレス
胸いっぱいの大きさ

おしゃれはしょせん「洒落《しゃれ》」だから、失敗してなんぼです

日本人は真面目な性格の人が多くて、失敗は許されない風潮があるとよくいわれますが、ファッションでもそうなんです。「失敗しないおしゃれ」って、昔の雑誌の特集タイトルによくありましたよね。でも、何をもって失敗、成功なのかわからない。成功も失敗もそれぞれの価値観で決めるものですから。

全国的に人気の高い、ある外食チェーンの社長が、七、八割の人がおいしいと思うものを提供しているとおっしゃっていたことがあります。十人食べて十人がおいしいと思うものは商品化しない、と。個性がなくなりすぎてしまうからですね。

ファッションも同じで誰にでも似合うものはなくて、十人のうち、二、三人もしくは、もっとたくさんの似合わない人がいるものです。同じ体重、同じ身長でも、肩幅やウエストの太さ、胸の大きさなど、パーツ一つひとつがそれこそ十人十色。通販の

失敗が許されること
それが自由です
HAPPY
というか、着るものに正解も マチガイも
ありません!! 好きなものを着よう!

コメントなどにある、「私には似合いませんでした」ということは、あって当たり前。たまたま似合わない二、三割に入っちゃっただけなんです。もし万人に似合う服があったとしたら、そんな服はあまりにも個性がなさすぎで、おしゃれとはほど遠いものだと思います。

だって、おしゃれって、「洒落」なんですよ。

どんな失敗も許さないなんて、それこそ「洒落」がなさすぎです。おしゃれなんて、失敗してなんぼ。失敗したら笑い飛ばして肥やしにすればいいだけです。

BBAの必修科目 ✦1✦

IKUKOの「大人のメガネ選び」

BBA世代にとって、メガネは老眼対策として必須のもの。でもそれだけではなく、大人のおしゃれに欠かせない、頼りになる存在でもあります。

とりあえずメガネさえしておけば顔が引き締まるので、あとは眉毛を描いてリップを塗れば外に出られるし、アクセサリーのように服に合わせてつけ替えを楽しむこともできます。

私はしたまま寝ちゃうことがよくあって（笑）、そのせいかメガネをよく壊します。だから今は六本持っています。ウェリントン型、キャッツアイ型、スクエアな黒縁、軽くて負担にならない縁なし、緊急避難用の非常袋と旅行用それぞれに、ものすごく軽いアクリルフレームのもの。ちなみに縁なしメガネは純粋に家の中用で、ラクチンそのものですが、イケメンに会うときには掛けられません（笑）。宅配便の受け取りでさえ掛け替えます。

昔は、いい意味で、メガネを掛けている人は真面目な印象、おしゃれとして使っている人は一部のファッション上級者みたいな印象がありましたが、今は逆にメガネを掛けて変身できるといったもっとポジティブなアイテムになっています。

では、そういった攻めのメガネはどう選べばいいのでしょうか。そのポイントをいくつかご紹介します。

―メガネ選びのポイント❶― 顔の形とのバランス

まず注意したいのが、顔の形とのバランスです。いわゆる丸顔、タマゴ形といったフェイスラインとは別の話ですのでご注意。

実は、顔の下半分って、年とともに長くなるそうなんです。ヘア&メイクアップアーティストの山本浩未《やまもとひろみ》さんいわく、「顔の下半分が重力に負けて伸びる」。

だからその長さをメガネのフレームで分断してあげれば、錯覚で顔が短く、可愛《かわい》く見えるんです。一種の引き締め効果ですね。

そこで気をつけたいのが顔のライン（縦）とフレーム（横）のバランス。ちょっと前までの小さめフレームの流行は終わり、今では大きめのフレームが増えてきているようです。流行も踏まえつつ、あとは試着を繰り返して、自分の顔と相性のいいベストバランスを見つけてください。

―メガネ選びのポイント❷― 眉毛とフレームの関係

年とともに変化するのは、顔の下半分だけではありません。眉毛と目の間も広がります！　フレームがくる位置によっては、この広がりを強調することにもなりかねないので注意しましょう。

これを避けるためのポイントは、眉毛とフレームのカーブを揃えることです。フレームで眉毛が隠れるくらいのものを選びます。ただし、眉毛の位置も形も千差万別なので、顔が間延びして見えないものを選びたいならとにかく試着するしかありません。

—メガネ選びのポイント❸— 見本を持参

これは槇村先生から教わったすごワザ。

雑誌の切り抜きなどを持っていって、同じようなものが欲しいと言って探してもらうんです。いろいろ説明するよりひと目でわかってもらえますよね。賢い!

—メガネ選びのポイント❹— 凝ったテンプルで横顔美人を目指す

スタイリストたるもの、メガネにも投資しなくてはと思い、ひるむくらいの大枚をはたいて買ったロバート マーク ニューヨークのメガネ。どこが違うかというと、テンプルが凝っているんですね。

もちろんほかにも優れた点はありますが、横顔美人を作ってくれるのは高いメガネ

IKUKO's COLLECTION

BOBBI BROWN

ROBERT MARC NYC

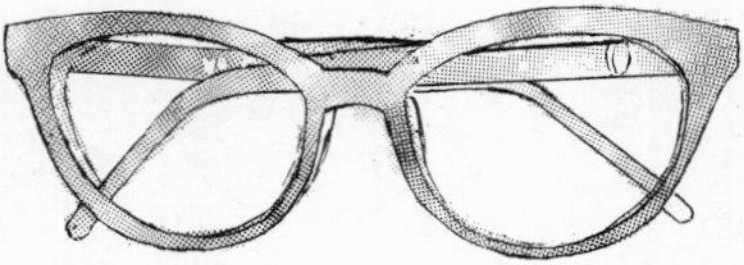

GARRETT LEIGHT CALIFORNIA OPTICAL

なのかもしれません。お手頃なものでも、テンプルに凝ったものを探すと相思相愛になれそうですね。

―メガネ選びのポイント❺―アイラインを活《い》かすならキャッツアイ

アイラインを効果的に見せるなら、キャッツアイ型がおすすめです。テンプルに向かって上端がキュッと上がっていると、目尻を上げて描いたアイラインが強調されます。目尻を上げて描くのは、年とともに目尻が下がってくるBBA世代には必須。必須が多くて大変ですね（笑）。

若い人たちに人気の全体に丸っぽい大きなフレームはあまりおすすめできません。私も何本か試しましたが、アニメのアラレちゃんになってしまいました。大々先輩のファッショニスタ、アイリス・アプフェルさんくらいの年齢（御年百一歳！）になるまで、楽しみに取っておきます。

—メガネ選びのポイント❻—　レンズにはＵＶカット加工を入れる

今はメガネでもレンズにＵＶカット加工を入れられます。目の健康のためには、ＵＶカットつきレンズがおすすめです。パソコン仕事用にはブルーライトカットも入れられるので、用途に合わせてレンズにもこだわりましょう。

—メガネ選びのポイント❼—　サングラスは薄い色のレンズがベター

テレビで得た情報ですが、あまりに黒いサングラスを掛けていると、瞳孔が開きすぎてしまうため、外したときにＢＢＡ世代には危険らしいのです。確かに、調整にタイムラグがあることは経験上わかります。サングラスを購入する場合は薄めの色を選びましょう。

SATORU's COLLECTION

愛用してる劇場用メガネ
キャッツアイだし
テンプル太い
ウルトラマン風
紫色な上に
このカタチ!(笑)

―メガネ選びのポイント❽―　鼻あてを盛る

鼻あて、つまりノーズパッドを厚くすることです。この高さが合っていないと、すぐにずれ落ちてきてストレスになるので、きちんと調整してもらう必要があります。作るときに調整してもらうのが基本ですが、あとからでも、作ったメガネ店で素材や形状を見直してもらえます。お手軽に貼ってつけられるシールタイプのノーズパッドも売られていますよ。シールタイプのものを貼るだけで、装着感が良くなる場合もあります。

私のおすすめブランド

Zoff、マーク ジェイコブス、プラダ、セリーヌ、JINS、ギャレット ライト カリフォルニア オプティカル、ALOOK

アイツは
すごいヤツ!

―― IKUKOが見た、SATORUのここがすごい! ――

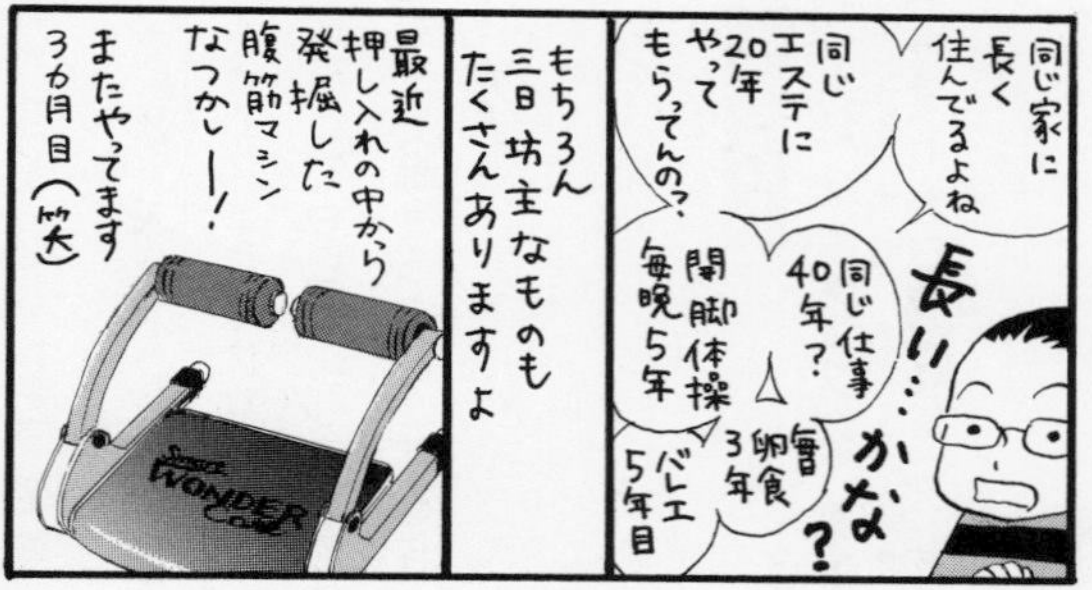
同じ家に長く住んでるよね
同じエステに20年やってもらってんの?
同じ仕事40年?
閉脚体操毎晩5年
毎朝卵食3年
バレエ5年目
長い…かな?
もちろん三日坊主なものもたくさんありますよ
最近押し入れの中から発掘した腹筋マシンなつかしー!
またやってます3カ月目(笑)
WONDER

持久力のSATORU

「槙村先生がすごいと思うのは持久力があるところ。自分に似合うものが見つかるまでどこまでも追求するんです。絶対に途中であきらめない。今はご自分で似合うものと似合わないものがわかっているので、似合うものだけを集中的に探すスタイルですが、きっと若い頃に何度も失敗してお金を使って『自分はコレ』というものを極めたのだと思います。持久力があるからおしゃれなんですよね。先生の持久力をリスペクトしています」

PART 2

BBA
おしゃれの
さじ加減

すべては「さじ加減」と心得て

アラカンから、というよりも今考えてみれば、更年期からすでに始まっていたのですが、還暦をすぎると、バリバリとできることが少なくなってきています。

以前なら、そのファッションが好き！　となったら、自分のほうに引き寄せることが簡単にできたのに、今は引き寄せるどころか、逆にバーンと跳ね返されてしまいます。「好き」と「似合う」が乖離《かいり》してしまい、いくら好きでも着こなせないものが増えてきています。

競技でいえば、過酷なトライアスロンだって平気だったのが、カバーできる範囲が狭くなり、どれか一種目しかできなくなったような感じです。

さらに新型コロナ感染拡大の影響で外に出る機会が減ってしまったことで、自分の欠点も含めていろいろと見なくて済んでいたものが見えてきてしまいました。

いわば還暦とコロナ禍のワンツーパンチを食らったようなもの。

小さいときは
「おまえは
熊みたいだね」と
祖母に言われて
傷ついたくらい
わさわさ
毛がはえてたのに
もう
まつもも
少ないわ
悲し…

それでわかりました。まずは自分の能力を正しく見極めることだなと。自分の限界を知って、キャパ以上のことを求めない。裏返せば、ガマンして耐える必要も無理して頑張る必要もなくて、自分の気力や体力に合わせてできることをすればいいということです。その方便として、上手にさじ加減を工夫する。

そうすれば、六十歳をすぎても、十分おしゃれを楽しめますよ。

還暦的なアップデートの秘訣《ひけつ》

昭和、平成、令和と三つの元号を生きてきた私たちにとって、普通サイズといえば、体にほどよくフィットしたものを指しますよね。でも、今の若い人にとって、それはきっと見たこともないようなもので、彼らにとっては、もはやビッグサイズが普通サイズ。

ビッグサイズのシルエット、つまり、ビッグシルエットは「今の定番」なんです。Tシャツにしてもパンツにしても、今買えばビッグシルエットが当たり前。定番服をアップデートするなら、ビッグシルエットを着ざるを得ません。

ところが、三元号生きてきて普通サイズの基準が昔のままのBBA世代にしてみたら、ビッグシルエットは、ビッグだけにびっくりシルエットです（笑）。昔もビッグシルエットが流行ったことはありましたが、当時と今ではビッグさがケタ違いですよね！　着るにはちょっと勇気が必要です。

ではどうしたらよいかというと、ＰＡＲＴ１でご紹介したような、お姉さま世代や同世代のデザイナー、クリエイターが作る服を選べばいいのです。私たちの弱みも痛みもわかったうえで、素敵に見える服作りをしているから、安心して着られます。

それでもまだ勇気が出ないという人は、半分だけビッグシルエットを取り入れましょう。トップスをビッグにしたら、ボトムはテーパードや細めのストレートシルエットに、ボトムをビッグにしたら、トップスは私たちが着慣れている普通サイズにすればいいのです。

ビッグシルエットだけでなく、色でも柄でもディテールでも、トレンド感のあるアイテムを半分取り入れれば、メリハリがついてまとめやすいと思います。

ＢＢＡ世代はつい、年がいのないことはしたくないと思いがち。それは人の目を気にしているから出てくる考え方です。だからアップデートしてトレンドを取り入れることも躊躇《ちゅうちょ》してしまう。還暦をすぎたら、そんな考え方はすっぱりと捨てましょう。自分が無理なく楽しめればそれでいいのです。人の目は「ファッション」の肥やしと思ってください。

大事なことは、アップデートすることです。時代が変われば、定番も変わる！　ですね。

IKUKO流「こなれ感」と「抜け感」

この頃よくYouTubeなどで、「こなれ感」とか「抜け感」という言葉を耳にします。雑誌でもよくこの二つの言葉を目にしますよね。

でも、おしゃれの教科書どおりにそのままコピーしても、こなれ感も抜け感も出ませんよ。若い人は若いというだけでサマになりますが、気力や体力ではどうにもならないBBAはどうしたらいいのか、私流をちょっとご紹介します。

「こなれ感」は、どこかに自分らしさを出すのがコツ。たとえば袖がふっくらとしたシャツにフルレングスでギャザーたっぷりのスカートを組み合わせる場合、今ならスニーカーを合わせる方も多いと思うのですが、背が高くない私は素足にビルケンシュトックを合わせつま先を見せて軽やかさをプラスします。そういうちょっとしたことで、こなれ感は演出できます。

「こなれ感」「抜け感」のキモは体幹ではないかしら？
しっかりした人はかなり抜いても平気
弱い人は基本「キチンとして少し抜く」ほうがキレイ
大人だもん こなれたいわ♡

「抜け感」は、自分が好きだと思うところ、得意技を前面に押し出します。首が長い人だったら、それがきれいに見えるような襟開きのトップスを選んだり、襟の立て具合を工夫したりするとか。

あちこち引っ張ったり折り返してみたり、いろいろとやってみて自分流を見つけてくださいね。

BBAは小さなおしゃれをミルフィーユにする

アップデートは必要です。でも一気にする必要はありません。BBA世代にとって、大変身は負担が大きすぎるのです。無理せずに、小さな部分のアップデートをミルフィーユのように積み重ねれば、それだけでも今のおしゃれを手に入れられます。

たとえばビッグシルエットのように、シルエット自体がアップデートされたものの場合は、それだけで十分なので、色やディテールなどの要素はベーシックなものを選んでよいと思います。

おしゃれな人は印象に残る人。得意分野にお金と愛を使ってアップデートするだけでも印象が変わります。メガネフェチの人がおしゃれに見えるのは、得意分野のメガネにポイントを絞って投資しているためで、メガネが印象に残るからなのです。

また、服だけでなく、美容もおしゃれと考えましょう。そうすると、アップデートできる幅が広がって、さらにおいしいミルフィーユができあがりますよ。

私が最近したアップデートの例を挙げてみますね。

・Apple Watchのベルトを替える。
・ネイルを変える。ジェルネイルシートを貼ってみる。
・まつげ美容液を毎朝晩塗る。ただし若い人と違って、BBAの場合、効果が現れるのに三カ月はかかります。途中であきらめずに続けましょう。
・ブラジャーやブラトップを買い替える。これだけで今どきのシルエットが手に入ります。

ほんの小さなことでも、たった一つでもアップデートして、ミルフィーユを作り続けることが大切です。スマホやパソコンのOSをずっとアップデートせずにいると、ファイルも開かなくなったりしますよね。それと同じです。
百パーセント昔のものだけだと、気持ちまでバック・トゥ・ザ・フューチャーにな
ってしまいます。ちょっとずつでいいから、アップデートを続けてくださいね。

処分の四大原則教えます

処分の原則その1　もったいないが処分時

服や小物をアップデートすると、いらないものが出てきますよね。でもなかなか捨てられないのが人情というもの。そこで、いつ処分すればいいかを伝授します。

ズバリ、もったいないなと思うときが処分時です。

「まだ使うかも。でも明日は使わないな」とか「いずれ着るかもしれないけれど、一年に一回しか着ないだろうな」と思ったら、若い人に譲ったり処分したりしましょう。惜しいなって思うくらいのときが処分時です。

特にデニムは要注意！　デニムほど、この世で捨てられないものはありません。なぜなら劣化しないから。私も「二～三本しかはかないよね」と思いながらも二十本は持っている気がします（笑）。実際、この間かなり処分したのに、それでもなかなか

スケジュールも
気持ちも
クロゼットも
すき間《スペース》をつくって新しいコト（モノ・ヒト）を入れましょう
「もう時間もないし新しいことなんて自分にはないわ」とか思いこんでいませんか？
子どもはいいわねェ
可能性のカタマリ
ほんとうにそうでしょうか？
たしかに子どもには時間もエネルギーも夢もありますがパワーも自己決定権もお金もありません
案外BBAのほうが自由で思いきったことができたりして

減りません。

私たちBBA世代は、残りの人生短いのです。時のたつのも早いですよね。つい先日と思っていたことが三年前だったり、下手をしたら五年くらいたっていたりします。ちょっと惜しいなと思うような、イマイチの服を着ているうちに、あっという間に一年がすぎてしまいますよ。私たちには、イマイチなものを着ている暇はもうないんです。

もったいないなと思ったら、処分しましょう。

処分の原則その2 忘れている服がいらない服

処分時はわかったけれど、処分するべき服ってどんな服？

ズバリ、「持っていることも忘れている服」が「いらない服」です。

たまに、人が着ていたり持っていたりするのを見て、「あっ、私、これと同じものを持っていた」と思い出すことってありませんか？　もう一度ひっぱり出して着てみよう、みたいな（笑）。そういう服や小物は、もうあなたには必要ないものです。忘れるほど長い間着る機会がない、あるいは忘れるほど興味がないということですから。そして、昔その服が似合っていたあなたと今のあなたは違う人、違う外見なのです。あきらめも、この年になれば大事なことです。とらわれずに、うまく手放すことが大切です。

大丈夫。今の時代には、もっと素敵なものがいろいろあります。忘れている服や小物はさっさと処分して、新しいものを入れるスペースを作りましょう。

処分の原則その3　いらない服や小物は寄付する

いらないといっても服や小物を捨てるのは、ちょっと気が引けますよね。近くに仲のよい若い友人がいれば譲ることもできますが、遠くに住んでいたり、それほどまめに連絡を取り合う仲でなければ、たとえ若い友人といえども、古くなったものを差し上げるのはやはり気が引けます。

私の場合は仕事柄どんどん増えてしまうため、昔から、若い友人に譲ったり、救世軍などに寄付したりしています。今では服や小物のリサイクルや再利用が一般に普及していますので、インターネットで「いらない服　寄付」で検索すれば、寄付先や寄付の方法などの情報がすぐに手に入ります。ヤフオク！やメルカリに出品する手もありますが、思いのほか手間ひまがかかるので、まめな方にかぎります。

捨てるのではなく、寄付する。

これも私たち世代におすすめの処分方法のひとつです。

処分の原則その4　どうしても処分できないものは想《おも》い出箱へ

忘れているわけではないけれど、もう長いこと着ていない服や使っていない小物もありますよね。たとえば大切な方にいただいたものだとか、記念日に着た服だとか。

そういうものはむしろ、あなたにまだ必要だということですから、想い出箱へしまっておきましょう。ときどき取り出して懐かしんでもいいですし、ほかの方に使ってもらったほうが幸せな気分になれると思うときがきたら、処分すればいいと思います。心に逆らってまで処分する必要はありません。今処分するべきなのは、本当にいらないものだけです。

マイ・ヴィンテージ、残していいのはバッグとストール

昔のものでも、どうしても捨てられないものってありますよね。若い人の間では、ヴィンテージを新しい服とコーディネートしたり、ヴィンテージ同士を上手に組み合わせていたりと、ヴィンテージを使った着こなしが定着しています。それならば、もしかして、クロゼットの中の昔の服をヴィンテージとして着ればいいのでは、なんて思っていませんか？

悲しいかな、それは誤り。トークショーでもよく言うことですが、私たちはすでに顔がヴィンテージ。だから服までヴィンテージでは、化石のような人になってしまいます。

でも、例外があります。

歩いているうちに
♪
靴が
♪
溶けた(?)
…
ことがある
パカ
ワニ
たけくらべ
ブチッ!
どんなに好きでも劣化する
大切に使ってきたものを身につけている大人は若い人を安心させる

バッグとストールです。

流行はありますが、きちんとお手入れをしていれば、昔のものを持っていても化石のような人にはなりません。

バッグはひび割れやすり切れのない状態を維持しましょう。そのためにはこまめなお手入れが必要です。私の場合は手にクリームを塗るとき、ついでにバッグの角にも塗ります。これはスムースレザーのバッグにかぎりますが、人の肌と同じで、常に潤いを与えていると、ひび割れやすり切れが起こりにくいのです。

そしてできたら年に一度は、全体をスムースレザー用のクリーナーで拭いてから、レザーに合った色のクリームを塗りましょう。当然手間ひまがかかる作業ですが、長持ちさせたいほど愛があるなら、態度で示すことが大切ですよね。

ストールは、シワが寄らないように収納しておきます。これが意外と難しい。たためば場所をとらないだけに、何枚でも重ねられるし、引き出しにギュッと押し込むこともできます。しかしそうした収納方法では、いざ身につけようというときにしっかりと折りジワがついてしまっていて、スチームアイロンをかけないことにはつけられない、という事態になりがちです。

私の場合は、長いものや大判のストールは、パンツを二つ折りにしてかけるハンガーを利用したり、ピンチ付きのハンガーに端のほうを留めて吊《つ》り下げたりしています。皆さんもそれぞれの収納スペースに合わせて工夫してみてくださいね。

バッグとストールに加え、マイ・ヴィンテージとして長く使えるのがジュエリーや時計です。ヴィンテージのほうが、価値が上がる場合もあるくらいですから、別格ですね。

靴も大丈夫そうな気がしますが、残念ながら不向きです。

どんなに大事に履いても、劣化してしまうためです。年を取るにつれ、自分の足の形が変わって痛くなる場合もありますしね。

私も二十年くらい履いていたエルメスのブーツが、とうとう歩きづらくなってしまいました。足の形が変わったというよりも、その靴を履きこなせる筋力が落ちたのかもしれません。ヒールや底を張り替えたり、普段のお手入れを怠らなくても、靴にはやっぱり寿命があります。

今の日本の気候、夏の暑さや梅雨の湿気などで、クロゼットの中で大事にしまっていたレザーにカビが生えたりしていることも珍しくありません。先日も、二十年くらい前に清水の舞台から飛び降りる思いで買った、ボッテガ・ヴェネタの黒の革のギャザースカートの裾に白い斑点を発見。倒れそうになりました。なんとカビだったのです。現在、クリーニングに出しているところですが、果たしてちゃんととれるのやら？

というわけで、服はアップデートして、バッグやストールは大事に使うのが、ファッション愛のあるＢＢＡのおしゃれです。

おしゃれは自分が楽しみ、HAPPYでいるためのもの

新型コロナウイルスが蔓延《まんえん》する前のことですが、昔からときどき利用している高級ホテルのアフタヌーンティーに行ったとき、気づいたことがあります。

三千〜五千円くらいのアフタヌーンティーなので、ひと昔前までは、BBA世代ならレオナールとかエミリオ・プッチなどのラグジュアリーブランドで、リゾート風だけれどきちんとした印象を与える格好をした人がたくさんいました。バッグもまるでブランドの宝庫で、ラグジュアリーブランドのバッグが目をひきました。

ところが、そのとき見かけた人たちは、ほとんどノーブランドだったんです。少なくともラグジュアリーブランドではありません。皆さん自由な服装で、それぞれご自分のスタイルを楽しんでいて、何より、すごく幸せそうでした。気分はラグジュアリー、スタイルはカジュアルが今のスタイルなのかもしれません。

やっぱり、おしゃれって、楽しくいい気分でいられればいいんだなと、そのときあらためて思ったわけです。高級ホテルでも、堅苦しく考えずに、迷惑だと思われない程度のきれいな着こなしで十分。それよりも、自分が気持ちよく楽しくいられることのほうが大切なのだと。

そうすることではじめて、ＨＡＰＰＹな時間を満喫できるということです。

人生の終盤に差し掛かろうとしている私たち、楽しまなければ損ですよね。

自分自身に
OKを
出せていれば
大概の時間
HAPPYです

BBAよ、変化を恐れるな

「花は咲くために散る」。このフレーズ、Netflixのドラマを観ていたら出てきて、心に残ったものです。もし桜が一年中ずっと咲いていたら、そんなにきれいだとは感じませんよね。桜は散って、来年また咲くからこそ美しいのです。

これって、流行と一緒だなと思いませんか？

流行っているそのときだからこそ素敵に見えるのであって、あのときあの服がおしゃれに見えたからと、後になってから着たところで、きれいには見えません。『方丈記』に書かれている「ゆく河の流れは絶えずして、しかももとの水にあらず。よどみに浮かぶうたかたは、かつ消えかつ結びて、久しくとどまりたるためしなし」です。

それなのにおしゃれにかぎっては、なぜかこの真理を忘れてしまいがち。

変化を恐れてアップデートに二の足を踏んでしまうんです。その服が一番素敵に見えるときはとっくの昔にすぎ去っているというのに。変化しているのは服だけではありません。私たち自身も変化しています。体型も体質も。それも、還暦をすぎてからは加速しているのです。

変化を恐れるというのは、一番足を引っ張ること。もちろん変化を恐れない心を持つというのはなかなか難しいかもしれません。でも、人間も、おしゃれも、世界も変化するものなのです。変化を恐れずアップデートを続けましょう。

コロナ禍は玉手箱!? パンドラの箱!?

コロナ禍は玉手箱で、開けた途端、急にBBAになった自分が現れた感じがしますよね。

コロナ禍はまた、パンドラの箱でもありました。今までなかったこと、見なかったことにしていたものが、表に出てしまいました。つまり、劣化した自分を隠せなくなってしまったんです。

でも、パンドラの箱には、最後に「希望」が残ります。

私はトークショーなどで口を動かす機会が減ったからか、頬の肉が下がってきてしまって大変なことになりましたが、ヤーマンの優れた美顔器と、ukaでハイフという施術を受けて、ちょっと上に戻った感じがしています。眼瞼下垂《がんけんかすい》もひどくなりましたが、手術（しかも保険適用でした）をしてマシになったし、失った前歯も、インプラントで解決しました。

こうやって列挙してみると、自分のことだけでも、今のテクノロジーを駆使すれば、確かに希望が残っているような気がします。

ファッションについても、BBAにありがたいビッグシルエットが流行していて、ラクチンな服を着ていれば、逆に今どきに見える世の中です。それだけでも希望がありますよね。

すべてにハイスピードすぎる時代にちょっと待ったをかけたのがコロナ禍なのではないでしょうか。そう考えれば、これからいろいろ整理されていくことになるはずで、それも希望かなと思っています。

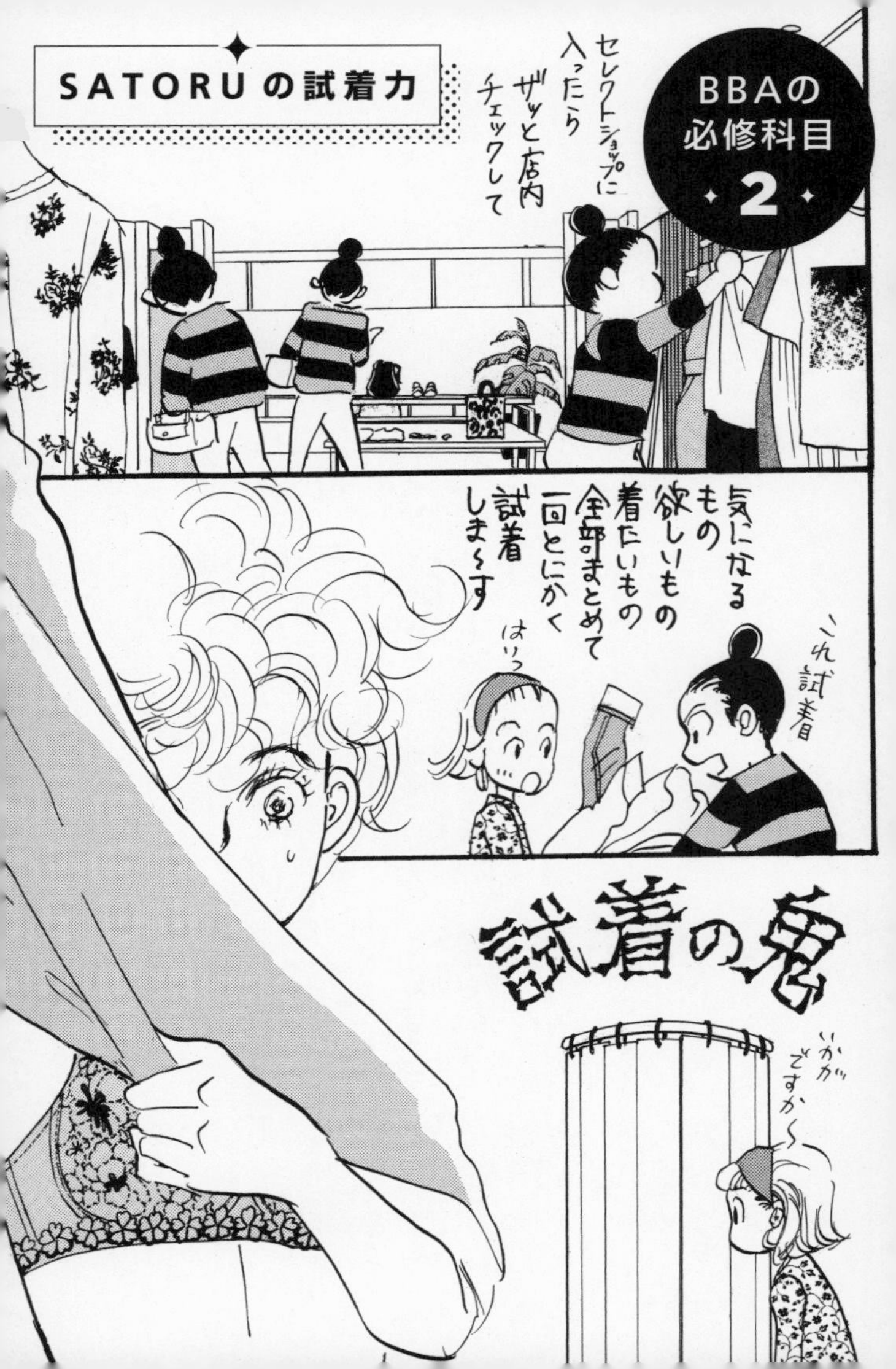
BBAの必修科目 2
SATORUの試着力
セレクトショップに入ったら ザッと店内チェックして
気になるもの欲しいもの着たいもの全部まとめて一回とにかく試着しま〜す
これ試着
はいっ
試着の鬼
いかがですか〜

試着が終わると1kgぐらい痩せてる……
おつかれさまでした
ども——
——と思うぐらい試着する槇村です
なぜなら失敗したくないから
経済ももたないし大事な服とは出会えないし
なぜ似合わない服を買ってしまうのかモンダイ
コーフンしすぎ!
時間なさすぎ!
買い方が雑すぎ
お似合いです〜
えーほんと—
買う——
ぜひ試着を
着なくても大丈夫
色ちがいもあります
じゃそれも

買うか買わないかのマイルールを持とう!
痩せ見えじゃなきゃ買わない
サイズ丈感が決まらなきゃ買わない
このデザインだったらこの色!ってヤツじゃないと……
顔色が映えなきゃ買わない
いってらっしゃーい
そしていったん店を出る
ナニ食べてくる
頭を冷ますのに効果があるのは
その服のよくないところを3つ考えるという方法
そしてやっと買う
これちょ
おかえりなさーい

とかやってても失敗します
ケド
こんな話を聞きました
自分の欠損部分や劣等感に
石膏を流しこみ乾かして
抜くと
これがあなたの夢であり欲望です――って
一体……何が不安なんでしょう
容姿って、老いって、忘れられてしまうことって、死って、
それは新しい服を手に入れることでうまるのかって、
とかとかも考えたり……

IKUKOのおしゃれと生きざま詠います

無理しない
若見えよりは
今見えBBA
時代は変わる
おしゃれもね

昔の自分を再現した「若見え」！
今の若い人たちにとっては、
「昔の格好をしたBBA」にしか見えません。
同じBBAでも、
「今のスタイルをしたBBA」は素敵です。

PART 3

BBA
着痩せのアンサー

着痩せの基本

「着痩せについてなんて、若いときからさんざん雑誌で勉強してきたから、今さら聞かなくてもわかっているわ」。そう思ったあなた。実はそれこそが落とし穴。私たち、若い頃とは体型が違ってきていますよね？　ですからおのずと解決方法も異なるのです。

まずは初歩的なところから、あらためて着痩せについて考えてみましょう。

基本は二つ。

着痩せの基本その1：自分の欠点と長所を把握すること。

着痩せの基本その2：欠点を隠すこと。そして気にしないこと。

その1から見てみましょう。

何度も言ってきましたが、体型は、人によって全然違います。身長と体重だけではありません。首ひとつとっても、太かったり、細かったり、長かったり短かったり。ですから自分の特徴が欠点なのか長所なのかをきちんと見極めることが大切です。

手始めに、自分の特徴を一つひとつ書き出してみましょう。その上で欠点と長所に分類してみるとわかりやすいと思います。

また、自分では欠点だと思っていても、意外に人から見たら長所という場合もあるので、はっきりとものを言う友人の意見を聞くのも一つの手です。

次にその2について。

欠点は克服しようとしてはいけません。とことん隠してごまかします。どんな手を使っても隠してください！　弱みは決して見せない、目立たせないこと。ごまかすこと。それが体型カバーの極意です。

逆に、少しでもましなところは、見せる工夫をします。

✦ **IKUKOのカルテ**

短所：ウエストがない
首が短い
（服を着るには）胸が大きすぎ
長所：手首、足首が細い
脚はまっすぐ

✦ **SATORUのカルテ**

短所：手足が短い
　　　太くてガッシリ
長所：厚みのある
　　　立体的なボディ

私の場合はというと……。欠点の一つは首が短くて太いこと。ですから目立たないように首回りはすっきりさせます。ごちゃごちゃしたフリルなどは避けています。ついでに胴も短く、肋骨《ろっこつ》と骨盤の間がたったの指三本分くらいしかありません。そのせいでウエストが太い！　よく胴が短くていいわねと言われますが、想像してみてください。指三本分の短い距離に、普通のバランスの人と同じだけの肉が詰まっているわけです。太くなるのは当たり前ですよね。なので、そこはもう見せない、強調しない、目立たせない！

長所は手首と足首が太くないところ。ですからそこは出して強調します。

この二つの基本をしっかり守るだけでも、かなり着痩せします。だまされたと思って、あなたも長所と短所を書き出して、強調するところと隠すところを考えて試してみてくださいね。きっと結果に驚くと思います。

―トレンドで着痩せ―

昭和・平成・令和と三元号生きてきた私たちは、かつてビッグシルエットを経験したとは言え、当時と今のビッグシルエットは全く似て非なるものということはすでにお話ししました。以前のビッグシルエットでは肩がビッグ（ビッグショルダー）でしたが、今は肩がなだらかで、全体にしなやかなシルエットです。

この新しいビッグシルエットは、トレンドであるだけでなく、体型カバーにも大きな効果があります。七難隠すのです。ですからPART1で紹介したユニクロ＋JとコグザビッグスモークなどのブランドのＪ服は、究極の着痩せアイテムでもあるのです。

アメリカの人気シンガーソングライター、ビリー・アイリッシュは、デビュー当時、太めのボディをぶかぶかのビッグシルエットの服で隠し、目立つネイルやヘアカラーなどで、視線をボディラインからそらす工夫をしていました。こういうビリー・アイリッシュ大作戦もありですね。

ビッグシルエットで完全に体型を隠したい、体のラインを一切見せたくないという場合は、薄い生地だけは避けましょう。ある程度、肉厚でしっかりした素材感の生地で、肉感を拾わないものを選びます。もちろん試着して確かめることが前提です。

また、きゃしゃだけれども膝の骨が大きい、あるいはO脚といった脚の弱点も、ビッグシルエットのワイドパンツならほぼ隠してくれます。

ありましたね
ビッグシルエットの時代
イメージ
今回のビッグシルエットは
もっとリラックスです
BIGのよいところは
着る人をキャシャに見せるとこ

メリハリで着痩せ

上も下もビッグシルエットなら、全身の体型カバーは可能です。でも、そのままだと何だか余計に太って見える気もしますよね。

そんなときにはメリハリをつけて着こなすテクニックを使いましょう。

PART2でも紹介しましたが、簡単なのは、上下のいずれかをビッグシルエットではないものにする方法です。上がビッグシルエットなら下をストレートシルエットに、下がビッグなら上はコンパクトにします。

裾がアシンメトリーとか、身頃に斜めのラインが入っているとか、デザインでメリハリをつけている服を選ぶのも効果があります。

小物やアクセサリーでメリハリをつけるのも一つの方法です。前項のデビュー当時

ホントかわいいBIGシルエット
!!
上も下もBIGはハードル高いっす
ねまきっぽい
ロングカーデというよりビッグカーデ
上BIG下スリムか上チビ下BIG
メリハリつけて
VOTE

のビリー・アイリッシュ大作戦でも書きましたが、大ぶりのネックレスや太いバングル、目立つ柄のスカーフでポイントを作ってそこに視線を集め、気になる部分から視線をそらしましょう。ビジューがたくさんついたサンダルを履くなど足もとにポイントを作るのも効果的です。

バッグの持ち方で着痩せ

バッグの持ち方ひとつでも、着痩せの効果が得られます。

たとえばクラッチバッグ。ちょっと傾けて斜めに持ってみてください。斜めの線を演出すると腰回りがすっきり見えるはずです。

普通のショルダーバッグも、肩に掛けたら、ちょっとだけ後ろに引く感じに、斜めになるようにして持ちます。

クロスボディのバッグも、地面と平行に下げずに、必ず斜めにしましょう。クロスボディにすることですでに斜めのラインを作っているので、相乗効果があります。

ただ、私のように胸が大きい場合、ストラップが短いとストラップが胸の間に入りこんで逆にボリュームを強調してしまいます。クロスボディはストラップの長さに注意しましょう。バッグも買う前に試着を忘れずに。

キーポイントは「斜め」です。

ファッションでいうところの「粋」とは全部ノイズ。

ですから、本来機能的にはまっすぐにするべきところをあえて斜めにします。ほかにも、ちょっと「ずらす」「くずす」というノイズを作り出すのが「粋」、つまりはカッコいい。カッコいいので、そこに視線が行くため着痩せの効果も生まれる、というからくりです。

真正面は幼い印象
ひねると大人っぽい印象
croisée
斜め大切

ネックラインで着痩せ

ネックラインも大事なポイントです。ただ、これればかりは着てみないとわかりません。胸筋のつき方や胸の大きさで、着痩せするネックラインは全然違ってくるし、首の特徴によっても効果は変わります。

鎖骨がどれくらいまで見えたらいいか、出したほうがいいのか隠したほうがいいのかなど、鎖骨の見え方ひとつでも人それぞれ。鏡と相談するしかありません。でも着痩せするネックラインは必ずありますので、根気よく探してくださいね。

同じVネック、クルーネック、ボートネックでも、後ろ身頃の生地の分量や重さが違えば襟の開き具合は異なるし、シャツカラーも同様です。

また、サイズを変えて着ればネックラインは当然変わりますので、サイズ違いで試着するのがおすすめ！　フェイスカバーを使って着替えるのは本当に面倒なんですが……、こだわればこだわっただけの結果が得られますよ。

動物は――
鼻先スタートで動きはじめます
もちろん人も
「NECK FREE」といいます
頭蓋と頸椎の間を空けるのが肝心
ここを詰めるともう動けない
よくのびた自由な首だと全身整ってまっすぐ立てます。

―着こなしで着痩せ―

BBAは、服を着たらそのままという人が多いのですが、実は、着痩せとおしゃれは、その後に「どう着こなすか」にかかっているんです。

トップスなら袖口を折り返したり、フロントのボタンを外して襟もとを思いきり開けてみたり、ボタンを上まで閉じてみたり。鏡の前であれこれ試してみましょう。着こなし以前に、アイテム一つひとつをどう着こなすかがカギです。洋服も着物と同じように着付けが大切なのです。着付け次第で粋にも野暮にもなります。

シャツカラーのアイテムの場合、後ろ身頃を少し下に引いて、襟を抜いた感じで着ると、着痩せして見えます。襟を抜くというのは着物と同じ原理で、ちょっと抜くだけでネックラインだけでなく、前もすっきり見えます。襟を抜くときにうなじから背中にかけての丸みが気になるなら、襟を立てぎみにするといいでしょう。スカーフを

パンツは腰で
はいて
この頃のパンツはこんな感じ

巻くのもありですね。ここまでくると、着付けからさらに一歩進んだ着こなしの領域です。これまでの経験を活かして試してみてください。

今のボトムは、パンツもスカートも、ハイライズをのぞけば、少しだけ腰下に落としてはくとシルエットがすっきり見えるようです。

BBAにありがちなのは、特にパンツの場合ですが、「落としてはくと丈が余っちゃうし、脚が短く見えるんじゃないの？」と本来腰下に落としてはくべきデザインのものまで、頑張って持ち上げてはいてしまうパターン。これが一番ダサく見えるし、シルエットもきれいに出ません。股間にまるでコマネチ（古い！）のようなV字のシワができるだけでなく、ヒップにも余計なシワが入ってしまいます。心当たりありませんか？

ともかくハイライズ以外のボトムは、まず腰ではいてみましょう。それだけでグッとカッコよく見えるし、シルエットの着痩せ効果も高くなることが多いと思います。

トークショーなどで「どうしたらおしゃれに見えますか？」と質問を受けることがよくあります。そういう場合に限ってたいていの方は、服は着っ放し、ストールはき

大好きで頑丈で
素材のよい服を
大切に着る文化を
かっこいいなと思う

ちんとたたんで巻き っ放しだったりします。私が袖をまくったり、襟を立てたり、ストールをバイアスに折って巻きなおしたりと、ちょっと手を加えてあげただけで、会場から「おーっ!」と歓声が上がるくらい、皆さん素敵に変身することがよくありました。

おしゃれな人とは、しつこくてこだわりのある人です。だからこそ着痩せもうまくいくのです。着たきりではダメ。いろいろやってみることが「おしゃれな人」への道です。そのことを忘れずに。

サイズ選びと着丈で着痩せ

着丈も袖丈も、本当にたった五ミリの差で、足首や手首やウエストが太く見えたり、細く見えたりすることをご存じですか？

これはネックラインと同じで、どこまで出したらいいのか、隠したほうがいいのかは人それぞれ。特に着丈は、足の骨や腰のボリュームとの相談になるので、とにかく試着して、必要に応じて裾上げをする手間を惜しまないようにしましょう。

くるぶしや膝の骨が大きい人は、いっそ隠してしまったほうが安心です。

膝に悩みがある場合、オン・ザ・ニーの本当の膝丈だと、かえって膝が目立って太く見えてしまいます。こんなときはちょっとスカート丈を下げてみてください。すっきり見えるはずです。

着痩せしたいなら、丈の加減に手を抜かず、徹底的にこだわりましょう。

―インナー買い替えで着痩せ―

お肉が柔らかく流れ出す私たち世代は、インナーによる土台作りも大切です。キツい補整下着でなくても、インナーを新しく買い替えるだけでも服を着たときの印象がかなり違ってきます。ブラジャーやブラトップを替えると今どきのシルエットが手に入るだけでなく、着痩せ効果も発揮してくれます。

最近ユニクロのブラトップの新作を買ってみたのですが、今までのブラトップにありがちだった、ラクだけど胸の肉が横に流れるのが改善されて、きゅーっと引き締まったバストラインになって、本当にびっくり。あまりの進化ぶりに、今までのきつくなったブラジャーやブラトップをすべて捨てました。もう、これを着ないと、今に生きている意味がないくらいの素晴らしさです（笑）。

ノンワイヤでも十分効果ありですが、ワイヤ入りのタイプならもっとすごいですよ。

きつすぎるショーツも太って見えるから買い替える必要がありますね。お尻のほっぺやウエストに段がつくようなら、もうおしまいです。後ろ姿にも気をつけましょう。

バストタイプで着痩せ

以前から私のトークショーや雑誌の企画でも紹介している、胸の大小に合わせた着痩せテクニックは、太め、細めといったざっくりした体型別の着痩せテクより、よっぽど的を射ていると思います。胸の小さな方（上品な胸の方）は、そもそも着痩せとは無縁かもしれませんが、胸が大きいと太って見えることも多いので、ここでは胸の大きな方（ゴージャスな胸の方）のためのテクニックをお話ししましょう。

私も胸が大きいため、胸にフリルなどは禁物。フロントには絶対にボリュームのあるものをあしらいません。生地の素材感やサイズも重要です。たとえ肉感を拾わない素材を選んでも、サイズが小さければ胸の上部に両側から引っ張られたようなシワが入ったりするので気をつけています。

そりゃ痩せててぺたんこ胸のほうがかっこいいにきまってるけどサ
そんなにファッショナブルである必要はあるのか？
とにかく立体的だよね私たち！
3D！
着ぐるみでしかない
コムデかアートか？
いろいろ「着ちゃダメなもの」も多いけどガンバロー
うえ〜〜やっぱり似合わな〜い
お客さま？

昔は胸が小さいことが悩みとして取り上げられたこともありましたが、今では皆さんご存じのように、ファッションという観点からみると、胸は小さなほうが服は絶対似合うんです。だから上品な胸の方はプラスと考える。ただ一つだけ注意したいのが胸元が大きく開いた服です。かがんだときに胸の中が見えてしまいますからね。それ以外はOK。逆にどんなファッションアイテムでもほとんどきれいに着こなせます。ときにはフリルなどで思いきり飾り立ててみましょう。

縦線効果で着痩せ

色合わせでの着痩せの基本は、コントラストをきかせた縦線効果の演出です。色の濃淡や明暗のコントラストを使って縦線を強調することで、体のボリュームから視線をそらし着痩せ効果を狙います。

最も初歩的なのは、白のような色の薄いトップスに黒やネイビーなどの濃い色のアイテムを重ねること。たとえばロングカーディガンをはおる。カーディガンの縦の線が強調され、全身をすっきり見せることができます。これはストールをはおっても同じ効果が期待できます。冬なら、はおったコートの前を開けて、縦線を強調したりなど一年中使えるテクニックです。

ポイントは、縦を強調するアイテムを上からプラスすることです。白×黒ではコントラストがきつすぎるという方は、焦げ茶やダークグレー×オフホワイトといったソフトな色の組み合わせなら取り入れやすいと思います。

ただ、着痩せも大切ですが、自分が気持ちよくおしゃれを楽しめることが何よりも大切なので、好きな色を中心にコントラストを考えればいいと思います。

ベルトで着痩せ

今はあまりトレンドではないかもしれませんが、ベルトで着痩せという方法もあります。

ベルトは、自分の好きなところにウエスト位置を作れるってご存じでしたか？

この効果が絶大なのは、ワンピースの着こなしでしょう。腰の位置が気になる人は特に、ウエスト高めの位置でベルトをしてみてください。まるで腰から下が脚のようになり、脚長さんに見えます。ベルトでウエストの位置を高く錯覚させるわけです。

ずんどうの私の場合、ベルトをつけるのは全体にメリハリをつけたいときです。かなり太いタイプを選びます。ただ、体型の都合上、普通につけるだけだと、肋骨と骨盤の間の狭い空間に食い込んでしまうので、ウエスト位置から前下がりにつけています。

ベルトを味方につけると、簡単に、効率よく着痩せできるので、気力・体力不足のBBAにはぴったりですね。

番外編 メイクで小顔、マスクで小顔

「大人のメガネ選び」でも少し触れましたが、年とともに、眉と目の間が間延びします。メイクアップでこの部分を狭く見せ、結果的に小顔に見せる方法を紹介します。

具体的には、眉毛の下のラインを少し強調するのです。眉毛を描くときに、眉の下のラインを意識的に足すように描きます。そしてアイラインを太めにします。ちなみに私は眼瞼下垂手術をしたにもかかわらず、まぶたがやや下がり、目にかぶさることでアイラインが見えなくなりがちなので、昔の倍の太さで描いています。だまされたと思ってやってみてください。その効果に驚きますよ。

さらにリモートでの打ち合わせなど、マスクをする必要がないときには、頬骨の下にシャドウを入れて笑ったときに盛り上がる部分にチークを入れます。これは小顔に見えます!

もはへるし
まぶたはかぶるし
まつ毛も少なくなる
たるみ
鼻の下がのびる〜
こんなふうに長ーく下に落ちるわけよ
トホホ
まゆを描くとき下側に太くする（まぶたをせまく見せる）
この間を短くちぢめる「短い」と錯覚させる
メガネ アイライン マスカラ（下）も効果的
上唇はオーヴァーぎみに描くと鼻の下が短く見える
黒ブチメガネ
シェイディングで
アイブロウでまゆ下を足す
マスカラ命
「つけまは友かくよー」
そりゃもう涙ぐましい努力を

小顔に見えるマスクというのは、顔の形が人それぞれなので、一概には言えませんが、私はGUのマスクをすると、小顔に見える気がします。鼻からアゴまでのセンターラインがだぶつかずにすっきりしていて、両サイドが頬にフィットしすき間がなく、私の顔形にぴったりのフォルムとサイズ。だから小顔に見えるのだと思います。小顔に見えるマスクもやはり自分に合うサイズと形を根気よく探すほかないようです。

✦

特別企画

IKUKOの家事の達人

好奇心豊かな私は家事においても研究に余念がありません。

ここに紹介するのは、いろいろやって編み出した〝パンク〟な私のあくまで個人的なやり方です。

気になる方法があればお試しくださいね！

お掃除編

絶対ほめられるお墓掃除

親戚のおばさまに絶賛された（笑）、究極のお掃除術をご紹介します（あくまで私の方法ですので、皆さんは墓石に応じたやり方でなさってくださいね）。

お墓の掃除は、道具をそろえるところから始まります。

道具：マイクロファイバータオル、たわし、ブラシ、歯ブラシ、使い捨てゴム手袋

お墓参りに行く前に百円ショップで新しいものを買います。ブラシは無印良品の先が斜めになっているものが最高ですが、百円ショップのものでも。

服装は汚れてもOK、ひざまずいても大丈夫ぐらいの格好が望ましいです。お墓参りにはきれいな格好をしたいところですが、掃除の日は掃除が目的と割り切ってください。

薄手の使い捨てゴム手袋はネイルがはがれるのを防ぐし、どんな汚れもコワくないから、必須アイテムです。

墓地に着いたら、お参り用の手桶《ておけ》一個とバケツに水を入れて目指すお墓へ。まず墓石に水をかけ、たわしとブラシ類でこすります。汚れが十分に取れたら洗い流して、

タオルで拭き上げます。

　線香立ては、灰を全部捨てるか、形状によってはブラシで払い落としてから洗います。花立ては外せる場合は外し、中をきれいに洗います。水受けや継ぎ目には苔《こけ》が生えやすいので、ブラシや歯ブラシで洗いましょう。

墓石に刻まれた文字もブラシ類で細かく洗います。

仕上げに新しいタオルで拭き上げて周囲の草をむ

しり、掃き清めます。以上が作業の流れです。

所要時間は二、三十分ほど。終了したら、私は使った道具をすべて捨てちゃいます。なぜって二度と使えないぐらい汚れるからです。つまり、買った道具が二度と使えないほど汚れるまで頑張ること。それが目標であり、それぐらい愛と気合いを込めて毎回掃除しています。そうすればすっきりしますよ。

最後にピカピカになったお墓にお線香とお花を供え、お参りして帰路につきます。

重曹とクエン酸、最強です！

家の掃除には、重曹とクエン酸が頼りになります。

鍋の焦げつきは、重曹を入れて火にかけ、ぶつぶつ泡が立ってきたら火を止めます。放っておくと汚れが浮き上がってポロッと取れます。一回でダメならもう一回やると取れることが多いですね。重曹はペースト状にすると、いろいろなものを磨けます。

歯磨き粉くらいの練り具合にして茶渋を取ったり、鍋を磨いたりしてみてください。

クエン酸は薄めて、油汚れのところにスプレーすると、油分が浮いて落ちやすくなります。このスプレーは気になるゴミ箱の消臭にも使えます。

窓ガラスは水拭きがベスト

窓ガラスはガラスクリーナーも含めていろいろ試した結果、シンプルに水拭きが一番きれいになることがわかりました。水をスプレーでかけて汚れを浮かせたあと、タオルや布、いらなくなったTシャツなどでこすり取ります。それぞれ適当な大きさに切っておくといいですね。鏡も同じようにスプレーした水できれいになります。

水あかを劇的に落とすには

浴槽の水あかは、まめに洗うのが鉄則。私はよくホテルなどに置いてある使い捨て

ゴムポン
いく子
マメな人
このサイズ
硬さ、しなり
プラスチック
カード
ボンド
除菌
ウイルス除去
ひと晩
おいて
はがすとき
最高
気持ち
いい〜〜
Kiri
「開け口を
探さない人」
かな?
うん
わたし
ものぐさ
な人

のボディタオルを持ち帰り使っています。市販のナイロン製のものでもいいと思います。お風呂用洗剤を使って洗い、水で流します。

ブラシなら、Ａｍａｚｏｎで見つけた「ゴムポン　バスブラシ」か「がんこ本舗海をまもるバスブラシ」。電動ブラシなどもいろいろ試した結果、この二つが一番きれいになることが判明。タイルの目地も溝も根こそぎどこでも落ちます。ただし、掃除をサボって増えた頑固な水あかだけは、クエン酸溶液でパックするか、工業用紙やすりの目が一番細かいものを使うほかありません。

こびりつきはプラスチックカードで除去

ＩＨコンロの上や鍋の中のこびりついた部分は、期限切れのクレジットカードなど、不要になったプラスチックカードでグリグリこすると、結構落ちます。硬さ、薄さ、しなり方がちょうどいいんです。縦に持ってヘラのように使いましょう。重曹やクエン酸でこびりつきを浮かせてからこするとより落ちやすくなります。

除菌ティッシュや除菌スプレーを活用

ｉＰａｄやｉＰｈｏｎｅ、テレビやパソコンなどの画面は、コロナ禍になってから、除菌ティッシュで拭いて、「激落ちくん」のクロスなどマイクロファイバーの雑巾で空拭《からぶ》きしています。液晶画面によくないという話も聞きますが、フィルムも貼っていますし、除菌優先にしています。除菌ティッシュは今どこの家にもありますよね。手を拭いたついでに画面も拭いてしまえば、ワンアクションできれいになります。出先なら、空拭きはティッシュで。

除菌スプレーは常に三本携帯して、ホテルに泊まるときには、部屋に入ったらまず、手で触れる場所すべてに除菌スプレーをかけてティッシュで拭き取ります。

外でお手洗いを使うときにももちろん除菌。個室内に便座クリーナーがついている場合は、それを使って、便座とドアノブ、鍵まで全部消毒します。便座クリーナーがないときには、除菌スプレーを使用します。

木工用ボンドの裏ワザ

勇気のある方だけにこっそり教えます。

キーボードやリモコンは、木工用ボンドを使うと驚くほどきれいになります。おなじみの黄色いボトルの「コニシ ボンド 木工用」をキーボードやリモコンの表面にまんべんなく塗布して、一晩置いておき、完全に乾くまで放置します。乾いたところではがせばすっかりきれいになりますよ。まずは予備のリモコンなどから試してみてもいいかもしれません。

間違っても「アロンアルフア」だけは使わないように注意してくださいね（笑）。

基本は洗濯ネット

とにかく洗濯ネット必須です。それもＡ４くらいのコンパクトな大きさのものがベスト。この大きさなら洗濯ものを一枚ずつきちんとたたんで入れても中でズレないので、シワになりにくいのです。先日テレビでこの方法を見て開眼。このサイズをそろえました。十数枚持っています。私はお出かけ用のＴシャツも必ずこの方法で洗います。

ダウンとニットのおうち洗い

モンクレールでもユニクロ＋Ｊでも、基本的にダウンは洗濯ネットに入れて、洗濯

ダウン自分で洗っちゃう？
ザブザブ
洗っちゃう
洗濯ネットにぴちっと入れて
押し洗い
あーさっぱり
大丈夫なんだ
勇気を出して洗ってみた♡
フリードのダウンチュチュ用にワキチャック有

機でガンガン洗ってしまいます。ワンシーズンに三、四回は洗いますね。着ているうちに、襟が汚れてくるので、そこに洗剤を水で薄めたものをスプレーしてから洗います。洗濯機に入れる洗剤は、濃いところと薄いところができないよう一旦水に溶かしてからダウンを入れます。これは液体でも粉でも一緒です。

ニットも洗濯機のおしゃれ着コースで洗いますが、大事なものは手洗いします。おしゃれ着洗い専用の洗剤を溶かしておいたところに、平たくたたんで洗濯ネットに入れたニットを浸し、上から何度か優しく押し洗い。洗濯機の脱水に一〜二分だけかけ、水を替えて押してはすすぎを二度繰り返し、最後にまた一分だけ脱水して形を整えて平らに干します。

ピンポイントの汚れ落とし

襟ぐりや袖口の汚れ、ワインのシミなど、ほぼすべての部分汚れ落としは、シャープの超音波ウォッシャーでとりあえず対応。これって、何でもよく落ちるので重宝しています。食べこぼしに一番効くのは、食器用洗剤です（笑）。

必要な場合はその後普通に洗濯します。

シャツやパンツの洗濯&干し方

洗濯ネットの項目で説明したように、きちんとたたんで洗濯ネットに入れて洗濯します。脱水は三分以内で一回だけにしましょう。

まだ水分を結構含んだ状態でパンパンと振ってから引っ張ってシワを伸ばし、ハンガーに掛けて干します。シルクなどの大切なシャツでもこの方法でおうち洗いしています。

シャツなどのトップスは、服がずり落ちない「MAWA」のハンガーで干すのがおすすめです。型くずれしませんし、乾いたらそのままクロゼットに持っていけます。

自分で洗えて
アイロンいらずの
服を
横着かしら
乾いたら
ハンガーごと
収納——を
めざして
ます
ハンガーを
マワに統一すると
クロゼットの「格」が
上がります!!
MAWA

Amazonで購入できます。

パンツはパンツ用のハンガーを使います。このとき、裾を上にして吊るすと、パンツの重さでシワが伸びやすくなります。折り山のあるものは折り山がつくように裾を合わせて干しましょう。

シャツの襟や袖口など、シワが気になる場合は、乾いたあとその部分だけスチームアイロンをかけてください。

ほかのアイテムもこの方法で洗濯して干すことで、基本的にアイロンはほとんど使わずに済んでいます。

テバやビルケンシュトックの中敷き

テバやビルケンシュトックの中敷きってどうしても汚れてしまいますよね。私は雑巾やTシャツの切れ端を水で濡《ぬ》らして固く絞ったもので拭き、そのあと空拭きします。

靴フェチなのでまめに拭きます。だからいつもきれいです。

汚れはたいてい、この方法で落ちるんですが、残念ながら、スエードの場合はこの方法では落とせません。まめにブラシをかけることをおすすめします。

白いスニーカー

細かい汚れは前述の超音波ウォッシャーで取り、ソール周りのゴムの汚れは消しゴムか「激落ちくん」で落とします。中敷きは外し、靴ひもは、黒くなったところだけ「ウタマロ石けん」をこすりつけてからスニーカー本体と一緒に洗濯機へ。洗剤は普通の洗剤を薄めて使います。

日々のお手入れは洋服ブラシ&水スプレー

冬のコートやニットは、脱いだあとすぐにブラシをかけましょう。次に着るときにきれいな状態で着用できます。

洋服ブラシを一本玄関に備えておけば、帰宅してすぐに肩など汚れやすい部分をかけられて、あとがラクです。

スプリングコートなどの軽いコートは、脱いですぐに玄関先でパンパンと振ってホコリを払っておきます。

夏になると特に気になる着ジワは、帰宅後ハンガーに掛けたらすぐに、ローズマリーのオイルを一滴垂らした水スプレーをかけて乾かします。繊維は水に濡れると元の形に戻ろうとする習性を利用するためです。そのまま放っておくと服にシワのクセがついてしまうので、面倒がらずに水スプレーをしてくださいね。もちろん洗濯してもいいですよ。

アイツは すごいヤツ！

――SATORUが見た、IKUKOのここがすごい！――

破壊力のIKUKO

「いく子ちゃんは、人となりとしての本質的な部分で、破壊力というか突破力というか、パワーがある。ちょっと落ち着けと思うこともあるけれど（笑）、おしゃれでも『コレがいい』というものを推していく力はすごい。もちろんおしゃれについては基本的に生真面目で、要所要所で細かく丁寧に掘り下げるよね。それは伝統的でベーシックなところを知っているからこそできることだと思う。破壊力＋生真面目って、最強じゃないかな」

PART 4

ファッションも美容も健康も！還暦問題あるある

「パンツと足の甲」問題

あるとき友人から、パンツにパンプスを合わせるときの、裾から出る甲の部分をどうしたらいいか聞かれました。以前は浅ばきのソックスで素足に見せていたけど、もう夏の冷房時はきついというんですね。

確かに還暦をすぎると足の冷えがつらくなります。そんなときには迷わずストッキングをはきましょう。色はヌードカラーを選びます。ヌードカラーといってもいろいろなトーンがありますが、私自身は黄色みが強い肌の色なので、黄色みのあるヌードカラーにしています。肌の色は人によって違うので、自分の肌の色に合うものを選ぶこと。パンツの裾から見えるストッキングは、分量が少ないだけに、肌の色とズレた色だと悪目立ちすることがあるので注意して。マットすぎるものも目立つので避けましょう。

でもパッケージからは色を見分けられませんよね。そんなときは売り場に置いてあ

いやもう靴下なしでは
寒くって……
でもソックスは今ライチで……
オシャレな
靴下
あります
ポール&ジョーの
靴下がお気に入り
「絹の靴下♪」
若き日の夏木マリ先生
美貌
現在のマリさま
ステキすぎです

るサンプル全部に手を入れてみて（消毒をお忘れなく）、自分のヌードカラーを見つけてください。グレーもおしゃれですが、これはかなり上級。ヌードカラーに飽きちゃったという方は挑戦してみてもいいかもしれません。

パンティストッキングはお腹《なか》が苦しくてつらいという人もいます。そういう場合は、ゴムの位置がウエストと合っていない可能性もあります。自分に合うデザインやサイズと巡り合っていないのです。最近は股上の浅いローライズタイプもあるので、試してみてくださいね。

「家の中で赤いリップ」問題

赤いリップを塗ると、顔全体が華やかに見える気がします。なんとなく心までウキウキして、気分が上がりますよね。それはわかっているのですが、還暦をすぎるとお出かけの機会も減るし、赤いリップを塗る場面が少なくなります。

ところが、インスタグラム仲間のメイクアップアーティストが言うんです。「家にいるときこそ、赤いリップを塗る」って。目からウロコが落ちました。そうですよね。家の中で赤いリップを塗って何が悪い！　心から見習いたいと思いました。

おうちで赤いリップ！　もし家族に「お母さん年がいもない」とか「どうしたんだ、お前」なんて言われても、気にしない。「私はエンジョイしてるの」と軽くいなしましょう。まずは自分を幸せにしてあげましょう。あなたが幸せそうにしていれば、そのうち家族も幸せを感じてくれると思いますよ。

コツは、塗ってから一度ティッシュで押さえること。唇の色となじみます。おうちで塗る幸せリップは、赤だけでなく、ピンクもいいですね。

ネイルでもいいと思います。先日、ネイリストにネオンピンクのネイルを塗ってもらいました。自分では持っていない色で、ちょっと派手かなと思いましたが、家の中でふと指先を見たときに、目にピンクが飛び込んでくるだけで、何だか幸せな気分になれました。だから実証済み。おうちでの派手色ネイルも、かなりおすすめですよ。

赤リップ
この頃では
40代50代でも
つけこなしますね
森絵梨佳100の顔
カラフル／
メイクカタログBOOK
「なりたい顔」No.1の森絵梨佳 メイクカタログBOOK
「メイクの魔法で、毎日をカラフルに」
いろいろなメイクさんの
競作が楽しめる本
日常用メイクの
可能性を考えられる
バレエやジャズやって
踊ることが大好
ぜひ「社交ダン
体験してみ
カップルダンスは
ひと味ちがいます
ミヤジマ・ヒデユキ先生
発表会の
写真を見て
自分が
ガクン〃と
老けた事実を
目のあたりに
する。
ココ
ココ
でもま、赤なリップで
元気出てた。
「赤効果」あなどれない

「美容より健康ファースト」問題

気力と体力で乗り切れた年齢を超えてしまった私たちにとって、美しさは健康あってこそ。心身ともに健康なら、表情も明るくなるし、お手入れの効果も上がります。ただし若い頃に比べて新陳代謝のスピードが遅くなっているので、何をやるにしても、効果が出るまでに三～四倍の時間がかかったり、効果が持続しなかったりということが増えてきます。

還暦すぎたら、健康も美容も、継続は力なり。根気よく続けることが必要なんです。継続ということでは、日常の食生活で、思わぬ効果があることも。たとえば、私はぬか漬けで、手がすごくきれいになりました。発酵食品だからなんですね。ぬか漬けは毎日手を入れてかき混ぜなければいけませんし。

手作りのものは手間はかかるけれど、意外なおまけがついて、何だか得した気分です。

逆に気をつけなければならないのは、ちょっとした気のゆるみ。美容をサボること
です。一日一回でもサボっただけで、今までの努力は水の泡。

効果は百日。
劣化は一日。

で現れる。
ガラスの還暦世代だから。

「保湿とエステと高級クリーム」問題

更年期前まではボディクリームっていつ使うの？　と思っていた私でしたが、今やボディクリームを体じゅうに塗りまくってもすぐにカサつく始末。還暦超えで、肌の乾燥は、さらに加速度的に深刻になっています。前にも書きましたが、ボディクリームを一日サボっただけで、私の手はミイラ状態に（涙）。

全身保湿はもう必要不可欠。エステも高級クリームも、今こそ必要なんです。

若い頃も効果はあったのだと思いますが、土台がよいので、効果が目に見えにくかったですよね。でも今は目に見えて効果があります。今からでも遅くはありません。一分一秒でも早く始めたもの勝ちです。

化粧品もどんどん進化しているので、時間とお金に余裕があったら、投資する価値大ですよ。クリームは首からデコルテまで塗ってくださいね。そこまでが顔です。

「マスクと美容」問題

マスクをつけていることで美容的にいろいろと問題が発生していますよね。私もそうで、大きな問題は二つあります。

一つ目は、モゴモゴ話す癖がついて表情をつくらないから、十歳くらい老けてしまったこと。これはＰＡＲＴ２で触れた美顔器で解決。

二つ目は、首のシワ。マスクのせいではないのですが、マスクをつけていることで、首のシワが強調されてしまうんです。これはエコレーヌ、クラランスのクリームを塗りまくって解消しています。ちなみに槇村先生はＩＫＫＯさんのクリームをご愛用とか。

ほかにも肌荒れなどの問題もありますよね。

いずれやってくるマスクいらずの日々のためには、今からきちんと顔や首を整えておかなくては。そう思って、日々お手入れを頑張っています。

「筋トレか、それともストレッチか」問題

六十歳になって昔のように体が動かないことを知ると、心まで落ち込みますよね。そんなときは、どうすればいいのでしょうか。

ちょっとだけ先輩の槇村先生にうかがったら、「結局、筋肉つけたけどね」。筋肉は裏切らないので、トレーニングすれば筋肉はつくけど、年を取っているのでプラスマイナスゼロ!? らしい。でもプラマイゼロっていうことは、これ以上ひどくはならないということですよね。

私はもともとヨガをやっていたので、その延長線上で、最近ストレッチを重点的にしています。リンパを流すという効果が期待できる体の脇を伸ばしたり、股関節を柔らかくしておくために開脚したり。

ウォーキングもおすすめです。全身の筋力を使うし、バランスが取れるからいいんですって。十五分でも歩くと違います。歩くときには、荷物を持たず、歩きやすい靴

を履きましょう。

若い頃のように体を戻すことはできないけれど、体を動かすことで、現状を保ったり、衰えるスピードを抑えたりすることはできます。自分に合う方法を見つけて、まずは体を整えましょう。そうすると、心も少しずつ明るくなります。私も週三回の水泳を始めてまさに今、その途上です。「筋力アップ」というよりは、「筋力の現状維持」のつもりで身体を動かしましょう。

「大人の睡眠」問題

還暦だからという以前に、睡眠は大切ですよね。お肌にも、頭にも、体にも、そして心にも。だから私は嫌なことがあると、お風呂に入って寝ちゃいます。そして、気持ちよく寝るために、塩枕を使っています。特に夏は後頭部が冷えるので涼しく、頭寒足熱の効果もあるためか、ぐっすり眠れます。

寝るときにはできるだけ体を締めつけたくないので、ショーツをはきません。その代わり、パジャマは毎日取り替えていますけどね。枕カバーやシーツもまめに洗って、清潔感を保つようにしています。

そんなふうに万全の態勢を整えて寝ます。

ＢＢＡが目指すべきは長寿ではなく、健康寿命を延ばすことです。そのためには、すっきりと朝を迎えること。そして健やかな肌と、クリアな頭と、適度に動く体と、明るい心で、一日を過ごしていけるといいんじゃないかと思っています。

このごろ
体力がおちましたね
居間で寝おちしがち
早くベッドに入ろう！

特別✦対談

BBAからOB-3へ！

地曳 還暦を迎えたら、ファッション愛で少しずつアップデートして自分なりのおしゃれを楽しみ、ささやかだけれど確かな幸せをかみしめる。私自身、還暦を迎えてから今までの二年ちょっと、そんなふうに過ごしてきました。槇村先生はどうですか？

槇村 好きなときに自由に買いものに行けなかったのは少し残念だったけれど、ユニクロ+Jもコグ ザ ビッグスモークもスローンも知って、着て、自分なりにミルフィーユを重ねてきました。

小さなハピネスを運ぶいくつかのこと

地曳　おしゃれだけじゃなくて、不要不急のあれこれも小さな幸せを味わえますよね。ほかの人から見たらくだらないかもしれないけれど、本人にしてみればＨａｐｐｙというような。先生は買いもの以外に何がありますか？

槇村　編みものかな。

地曳　編みものなさるんですね！　実は私もすごく好きだったのですが、今は目が見えにくくなってできないんです（笑）。編みものって設計図を書くみたいでおもしろいですよね。

槇村　編みものは性格が出る！　絶対間違いを許さないで、間違えるとそのたびにほどく人もいるくらいだから。

地曳　そうそう、奥が深いんですよね。心の乱れが編み目の乱れになります。

槇村　テンションが変わるんだよね。セーターが急に細くなったり。

地曳　怒っているときは引きが強くなるから固くなっちゃうし。

槇村　そういえば、前の冬のオリンピックのスノーボードのときに、編んでる人がいたよね。コーチだったかな。

地曳　以前、パリコレなどのコレクションショーのときにも、モデルたちの間で編みものをするのが流行ったことがあります。待ち時間とかに編んでました。

槇村　要するに落ち着くのよ。気持ちがそちらに集中しているということだから、ともかく自分を忘れられる。

地曳　没頭すると何だかすっきりして、ちょっと幸せになれますよね。先生の場合、あとはやっぱり社交ダンスですか？

槇村　うん、そう。筋力をつけたりもしているから、体力もついた。下がる一方の体力を、おっとっと……とちょっと持ち上げているイメージ。あとメンタルね。年を取ってから新しく何かできるようになるとうれしいものよ。

地曳　以前、友人から送られてきたツイッターのリポートで、一カ月だったかな、イタリア人にほめられ続けた女性の変化というのがあって、最後はそれこそ生き生きと輝いていたんです。社交ダンスにも、そういう効果ってあるんですか？

槇村　もちろんあります。常に抑制的だけれど、女性と男性の組み合わせだから。それぞれが出すものがうまく調和したとき、キラキラが見える。

地曳　先生の発表会を見にいったとき、八十～九十歳くらいのおばあさまがいらして。席に座っているときには小さくて目立たない感じだったのに、踊り出した途端に背すじをピンと伸ばし、スパンコールの衣装とあいまって輝いていて。社交ダンスの魔法ってすごいなと思ったんです。

槇村　衣装、ヘアメイク、照明、音楽、男性のリード。あらゆる魔法を全部かけてもらって踊るの。シンデレラよ、三分間の（笑）。

地曳　還暦をすぎたらよくある表現の「年がいもない」とは、無縁の世界。

槇村　逆にそういうガチガチのリミッターをはずすカギがあると思う。音楽周りには。ライブにもね。

地曳　そうですよね。残念ながら、還暦以降、ライブはほとんど行けなかったんですけど。私はライブ以外だと花かな。小さな幸せを運んでくれるのは。つい花の鉢を買ってきちゃうんですよね。一昨年《おととし》誕生日にいただいた胡蝶蘭《こちょうらん》は毎年咲いて、気分を上げてくれます。あとメダカ。花に水をあげてメダカに餌をあげているときが幸せ（笑）。

槇村　梅仕事もやっていなかったっけ？

地曳　あ、そうそう。還暦の年から始めたんですけど、その前の年ぐらいからファッション業界で流行っていて。知り合いのカメラマンが、「オレが漬けた梅干しです」とインスタか何かに出していたのを見て、ちょっと格好いいなと思って自分でもやってみた（笑）。

槇村　もはや、おしゃれな人の趣味だね（笑）。

地曳　梅干しは手間がかかるけど、そこがいいというか。今年はうまくできたので、さらに心が満たされました〜。

心の保湿

槇村　自分の本性丸出しで、強く生命や自我を感じる活動とは別に、土いじりみたいに心が落ち着く系の、動物の身づくろいみたいなのも大事よ。私もまだ仕事が中心の生活だから、仕事明けにぐずぐずのろのろと家の中のことをしている一日がホント、幸せ（笑）。

地曳　仕事に集中しているときと、まったりしているときと、メリハリも大切ですよね。私も洗濯して干しているときが一番幸せと思っちゃって。

槇村　ピュアな幸せだよね！　マインドフルネス。仕事をしている最中って次のことを考えていたり、過去のことを考えていたり、他人のことを考えたりで、気持ちがざわざわしてるから。

地曳　交感神経が張りすぎてるから、それをゆるめたい。ボーッとして。

槇村　それこそクマのぬいぐるみを抱いて。私、五個持ってるの、クマ。自分はぬいぐるみゃーではないと言い張ってるんだけど……。

地曳　うちにもチュー君っていうのがいます。旅とか出張にも連れていってます。もしかして、私たちの心の保湿に必要なのは、ぬいぐるみ？（笑）

槇村　なんかふわふわしたものね。

地曳　あ、私、もう一つありました。実は私、ムーミン・シリーズがすごく好きで。このあいだ、Ａｍａｚｏｎでドールハウスのムーミンの家を見つけたんです。ミイとかみんないて。一万五千円だったけど買いそうになっちゃった。どうするんだ、還暦すぎてるのにムーミン谷の仲間って……。

槙村 買うべきでしょ。

地曳 買うべきかな。

槙村 うん。大人買いってそういうことだよね。子どものときの心に戻れる装置を買うこと。

地曳 今きっと、そういうものって、大人に買い支えられている気がします。大人というか、アフター還暦というか。

槙村 アフター還暦の心の保湿のために。

地曳 そういう心の保湿のことを考えると、還暦を迎えてからの生き方は、若い頃の「六割」でいいのかなと。七割なんてぜいたくは言いません。還暦からは、気持ちが一度落ちると上げにくいから、六割でいいんです!

槙村 欲張らず、小さくてささやかだけれど、確かな幸せをかみしめながら。

で、ここからはBBA（ババア）からOB－3（オバーサン）へ向かっていきます！　乞うご期待!!

Happy BBA's Day!

文庫版あとがきにかえて

BBAが最高になるために

この本を手に取っていただいた皆様、ありがとうございます。

もう、年を取るなんて本当に嫌になっちゃいますよね？

こんなはずではなかった。でもまだまだ人生は続くし、人は誰でも年を取る。平均寿命も延びている現在、残りの人生を少しでも楽しく生きていくにはどうしたら良いのでしょうか？

ご縁あって槇村さとる先生と出会い、共著として出させていただくことになった

「BBAシリーズ」も本書で三作目です。まだコロナ禍がどうなるかわからなくて不安な時、それでなくとも還暦をすぎて落ち込みやすくなっている日々を乗り切るためには何が必要なのか？　槇村先生とともに試行錯誤しながら書き上げました。

今回文庫化するにあたり、原稿を何度か読み返してみました。手前味噌《てまえみそ》ですが、面白い！　特に槇村先生の描き下ろしマンガパート。今読み返すと、面白さとともに人生の先輩の知恵や考え方など味わい深さが増しています。

BBAが毎日楽しく幸せに生きるために必要なのは、「健康と好奇心」だとあらためて思いました。好奇心に従って何か新しいことを始めるにはまず健康です。実際に体を動かしたりすることが大事なのかもしれません。

「運動」という言葉は「運を動かす」と書きます。いつまでも体を動かして運も動か

したいですね。

「年だから」とか言って遠慮をしたり、尻込みしている時間は私たちにはもうありません。

槙村さとる先生が還暦から始めた社交ダンスは、まさに「健康と好奇心」です。いつもより派手目なメイクをしてドレスに着替え、素敵な男性にリードされてタンゴを踊る姿は美しく素敵すぎました。

私も六十三歳になってから生まれて初めて、水泳のバタフライに挑戦してみました。実はこの一年間、ひどい腰痛に悩まされて鎮痛剤なしではまともに歩くのが困難なほどでした。

腰痛を治すには腹筋と背筋をつけることが大切だから、と医者から勧められたのをきっかけに、週二、三回、水中トレーニングを始めました。

最初は腰痛改善のために筋力をつけるのが目的でしたが、ふとしたきっかけでバタフライも始めました。「継続は力なり」と言いますが、何カ月か続けているうちにバタフライでジムの二十メートルプールを何往復でもラクに泳げるようになりました。

そうしたら、いつの間にか腰痛が改善され普通に歩けるようになりました。

それだけではありません。**プールに通いだして素敵な水泳仲間もできました。バタフライでプールを何往復もこなす、私より一回りも二回りも年上の素敵な先輩もいらして、まだまだ私なんか若輩者だなと自覚したりして、本当に楽しい毎日です。**

還暦を過ぎて始める習い事は、若い時の部活などとは違い「自由」です。競い合ったりする必要もなく、ただただ自分が楽しくなるためのものです。

何事を始めるにもプロを目指したりしない限り、遅すぎるということはありません。

ここでカミングアウトすると、腰痛になる前は血圧や血糖値の数値もかなり高くて私の健康状態は崖っぷち状態でした。若い頃からなまじ体が強かった分、気を抜いていたのですね。毎年受けている健康診断の時に担当医に指摘された高血圧についても甘くみていました。そんな時にたまたま観ていたYouTubeで、「ドクターハッシー」という若いイケメン医師がやっている動画を見つけました。彼は、高血圧・血糖値が高いと実際に私たちの体にどう影響が出るのかを面白おかしく、わかりやすく動画で説明をしてくれています。

それを観て、私、目が覚めました。

結局、人間の体は口から食べたものでできている。全てを節制するのではなく仕組みを理解して食べれば良いのだと思いました。

健康は血液・血管と腸にかかっているということでした。このままの食生活ではいけない！ **「今からでも、やらないよりは良いかな？」**と思って、毎朝トマトジュースを飲むようになり、大嫌いだった納豆も二日に一度は食べるようにしました。それにプール通いの成果もあってか数値もだいぶ落ち着いてきました。

近頃の研究では、腸内環境が肌質に大きく関わっているという説も出てきました。高級化粧品も腸内環境を整えなければ効果は半減してしまうのか？　と怖くなりました。

体が健康になると、自然と気分も上がって、好奇心やエネルギーが湧いてくる。好循環になります。

人生良いこともあれば悪いことも起きます。

私がもし腰痛にならなかったら、こんな当たり前のことにも気付けませんでした。崖から真っ逆さまに転落していたかもしれません（笑）。

こうやって、一見マイナスに思えることにも学びがあるので、少しでも興味を持てるものがあれば、すぐにトライしましょう。**人生はトライ＆エラー！**です。やってみて、「ダメだ！　私には合わない！」と思ったら、いつでも気軽にやめれば良いのです。それで、楽しく続けられるものを見つけられたら最高ですよね。

ファッションも同じです。**何かトライしてみたいスタイルがあれば、とりあえず試着してみましょう。**これがそのスタイルに挑戦できるラストチャンスかもしれません。来年のことなど分かりません。

今、着てみて楽しく気分が上がればＯＫ。周りに何か言われても気にしない！
「ガン無視」してください。

同調圧力（他の人と同じ行動、同じ格好を強いること）が強い日本では人と同じ格好をすれば安心ですが、六十年も生きてきたら本当に人それぞれの個性が出ますから。**人と同じではなく、今まで生きてきて作り上げた個性、体型すら楽しんでしまいましょう。**

昔から、赤いちゃんちゃんこや帽子を身につけて還暦をお祝いするという風習がありますよね。あれは生まれたときの干支《えと》が五回巡り、人生の出発点、また赤ちゃんに戻って新しい人生を始めるということらしいです。

まあ、赤ちゃんに戻ったと言っても、実際、体は六十年乗り込んだ中古車、よく言ってもヴィンテージカーのようなもの。いろいろとガタは来ていますが、大事に手入れをして残りの人生もこの体で過ごしたいですよね。何しろ新車（新しい体）に乗り換えられるのは来世ですから（笑）。

というわけでBBA上等！

OB・3（オバーサン）になっても上等な人生を送りましょう。

皆様の反響が大きければ、図に乗った私たち（槇村さとる先生とともに）は引き続きOB・3向けの本も書いていきたいと思います。どうかよろしくお願いいいたします。


みなさま、本当にありがとう。

愛してまーす（忌野清志郎さん風に）。

地曳いく子

二〇二三年七月十四日

本書は、二〇二一年八月、書き下ろし単行本として集英社より刊行された『ババアに足りないのは愛！　+60からのHappyおしゃれBOOK』を文庫化にあたり、『ババア最高！　+60歳からのHAPPYおしゃれ』と改題したものです。

本文デザイン／アルビレオ

槇村さとる
キム・ミョンガンの本

あなた、今、幸せ？

自立、恋愛、生き方、結婚……みずから乗り越えてきたさまざまな体験をベースに、率直に語られる言葉たち。あらためて「幸せの意味」を問い直す。

集英社文庫

集英社文庫

バババア最高《さいこう》！　+《プラス》60歳《さい》からのHAPPYおしゃれ

2023年9月25日　第1刷　定価はカバーに表示してあります。
2023年10月18日　第2刷

著者　地曳《じびき》いく子《こ》
　　　槇村《まきむら》さとる

発行者　樋口尚也

発行所　株式会社 集英社
東京都千代田区一ツ橋2-5-10　〒101-8050
電話　【編集部】03-3230-6095
　　　【読者係】03-3230-6080
　　　【販売部】03-3230-6393（書店専用）

印刷　TOPPAN株式会社

製本　TOPPAN株式会社

フォーマットデザイン　アリヤマデザインストア　マークデザイン　居山浩二

ISBN978-4-08-744568-8 C0195